はじめに
アンチエイジングは「股関節」で決まる！

股関節と肩甲骨が若々しさのカギ

20代をピークに、筋力は年約1％ずつ低下するといわれています。運動不足で衰えやすいのは、太ももやおしりの下半身の筋肉。まさに「老化は足腰から」なのです。下半身の筋肉が衰えると、立つ、歩く、階段の上り下りといった日常生活の動作がつらくなります。すると運動量が落ち、代謝も下がって太りやすくなり、姿勢も悪くなって、体の老化が一気に進みます。そこで、はじめに鍛えたいのが太ももの付け根にある「股関節」です。運動不足に加え、デスクワークなどで座りっぱなしの時間が長くなると、股関節が硬くなり、動きが悪くなります。

股関節がうまく使えないと、日常生活だけでなく、しゃがんだり、走ったり、跳んだりといった全身の動きもスムーズに行えなくなり、体の衰えを加速させます。「最近、つまずきやすくなった」「同じ姿勢で座り続けるのがつらい」と感じられたら、すでに股関節の衰えが

はじまっている可能性があります。本書のエクササイズをすぐに試してみてください。

股関節の動きがよくなると、下半身のフットワークが軽くなり、自然と活動量が上がり、やせやすい体質になります。結果、姿勢もよくなり、見た目も若返ってアンチエイジングできます。

そして、肩甲骨もまた、股関節と同じく、運動不足やデスクワークが続くと衰えやすいパーツです。肩甲骨は背骨と骨盤を介して股関節と連係していますから、肩甲骨周辺の筋肉を同時に鍛えることで、全身のバランスが効率よく整えられ、若々しい外見を実現します。

いま、何もしなければ、年齢とともに筋力は衰える一方です。運動習慣に目覚め、人生の成熟期を元気に充実して過ごすために、40代はまさにエクササイズ適齢期といえます。どんどん体を動かして全身のアンチエイジングに取り組みましょう。

中野ジェームズ修一

CHECK! こんなサインがあれば股関節が衰えている恐れがあります！

- ☐ つまずきやすい
- ☐ 階段を避けてエスカレーターを使いがちだ
- ☐ すぐに脚を組みたくなる
- ☐ 座った姿勢からスムーズに立ち上がれない

CONTENTS

はじめに アンチエイジングは「股関節」で決まる！ …… 1

鍛えるメリット 股関節＆肩甲骨エクササイズ4つのメリット …… 4

トレーニングのねらいと注意点 4STEPで股関節をバランスよく鍛える！ …… 6

本書の上手な使い方 これなら続く！ レベル別 股関節＆肩甲骨の鍛え方 …… 8

本書で鍛えられるおもな筋肉 …… 10

PART 1

活動量アップ！ 股関節トレーニング ⑪

ココに効かせる！ 股関節 …… 12

STEP1 鍛える！

ひざ上げ …… 14／ひざ上げウォーキング …… 15／ステップアップ＆ひざ上げ …… 16／ランニングマン …… 18
片脚スクワット＆ひざ上げ …… 19／かかとタッチ＆横キック …… 20／横向き脚上げ …… 21／上体起こし …… 22
バックキック …… 23／腕上げ＆脚上げ …… 24／おしり＆ひざ上げ …… 25

STEP2 伸ばす！ …… 26

腸腰筋のストレッチ1 …… 26／腸腰筋のストレッチ2 …… 28／腸腰筋のストレッチ3 …… 29
腸腰筋のストレッチ4 …… 30／中臀筋のストレッチ1 …… 31／中臀筋のストレッチ2 …… 32
大臀筋のストレッチ1 …… 33／大臀筋のストレッチ2 …… 34／大臀筋のストレッチ3 …… 35

STEP3 動かす！ …… 36

サークル1 …… 36／サークル2 …… 38／ハードル越え …… 40

STEP4 ゆるめる！

パラレル …… 42／シングルワイパー …… 43／ダブルワイパー …… 44

PART 2

タフな体になる！ 下半身トレーニング ㊺

ココに効かせる！ 下半身 …… 46

40歳からは股関節と肩甲骨を鍛えなさい！

PART 3 疲れが取れる！肩甲骨トレーニング ㊀

ココに効かせる！肩甲骨

STEP1 動かす！
ひじ回し……72／肩甲骨回し……74／よつんばいでひじ回し……76／ひじ引き……78／首の曲げ伸ばし……79

STEP2 鍛える！
ペットボトル引き上げ……80／肩甲骨寄せ……81／イスペットボトル引き上げ……82／ペットボトル開き閉じ……83／ペットボトル押し上げ……84／ひじで押し上げ……85

STEP3 伸ばす！
肩こりストレッチ1……86／肩こりストレッチ2……87／肩こりストレッチ3……88／胸ストレッチ……89／二の腕ストレッチ……90／肩ストレッチ……91

1カ月で体が変わる！《おすすめプログラム》……92
もっとイキイキ！《下半身集中プログラム》……94
おわりに……95

STEP1 鍛える！
沈み込みウォーキング……48／ウェイクアップ……49／ひじシェイクウォーキング……50／片脚スクワット……51／ハイパーバックキック……52／ヒップリフト……53／壁ヒップリフト……54／イスヒップリフト……55／横向きレッグリフト……56／太ももワイパー……57／ふくらはぎシェイプ……58／壁ふくらはぎシェイプ……59

STEP2 伸ばす！
前ももストレッチ……60／もも裏ストレッチ……61／おしりストレッチ……62／内ももストレッチ……64／ふくらはぎストレッチ1……65／ふくらはぎストレッチ2……66／すねストレッチ……67／足裏ストレッチ……68

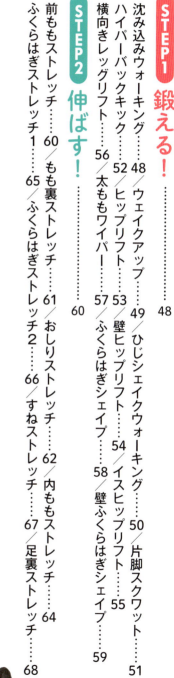

股関節から体を変える！
股関節＆肩甲骨エクササイズ
4つのメリット

股関節、肩甲骨、さらに下半身を
意識して鍛えることで
大きな若返り効果が期待できます。

鍛えるメリット

メリット1
どんどん動けるから筋肉量がアップ！全身がスッキリ引き締まる

40代以降になると、運動量がへって代謝が落ちるため、どうしても太りやすくなります。そこで、股関節の動きをよくして衰えがちな下半身を鍛えると、体が引き締まって太りにくくやせやすい体質へと変わっていきます。

まず、股関節が自在に動かせるようになるとフットワークが軽くなり、家事や通勤時の活動量が自然とアップします。一日の歩数がふえますし、階段を使うことも苦ではなくなるでしょう。活動量がふえると、特別な運動をしなくても消費カロリーがふえますから、ムダな体脂肪が燃えてやせやすくなるのです。

さらに、下半身を鍛えると筋肉量がふえます。筋肉は運動をしていないときでも体脂肪を燃やして熱を作り、安静時の代謝を上げています。下半身には、全身のおよそ3分の2の筋肉が集まっていますから、ここを鍛えて足腰の筋肉量をふやすことで、安静時の代謝が上がって体脂肪が消費されて、体が引き締まってくるのです。

メリット2
姿勢がよくなり若々しい外見に。肩こりや腰痛なども軽快に！

年齢は背中に現れます。股関節と連係して動く肩甲骨も同時に鍛え、若々しい外見を取り戻しましょう。

股関節と肩甲骨を動かし、まわりの筋肉を鍛えると、両脚、骨盤、背骨、肩甲骨が正しいポジションに収まります。すると腰の位置が高くなり、自然と背すじがスッキリ伸びて、姿勢がよくなります。姿勢が改善すると、外見も若々しく変化していきます。

また、肩こりや腰痛に悩む人は40代になると急増しますが、これらの原因も多くの場合、姿勢の悪さにあるといえます。股関節と肩甲骨を鍛えることによって姿勢が改善され、周囲の筋肉への負担が軽くなり、腰や肩の周辺の筋肉の緊張も取れますから、慢性的な腰痛や肩こりなどの不快な症状が軽くなってきます。

メリット 3 血液循環がよくなり、つやつや美肌に。むくみが取れて 下半身太りもスッキリ！

　全身には60兆個ほどの細胞があるといわれています。その細胞が求める酸素と栄養素を与えるのは血液ですが、股関節がサビついて下半身が衰えると血液循環が悪くなります。

　下半身には血液をめぐらせるポンプ機能があり、筋肉の伸び縮みで血管をリズミカルに圧迫し、血液を下から上へと押し上げて心臓へ戻しています。この働きを「ミルキング・アクション」と呼びますが、股関節と下半身を使わないとミルキング・アクションの働きが落ち、血液の循環が悪くなるのです。

　股関節と下半身を鍛えるとミルキング・アクションが活性化。血液のめぐりがよくなり、酸素と栄養素が体の隅々まで行き渡るようになりますから、顔色が明るくなって肌や髪の毛のコンディションも改善されます。

　運動不足だと下半身がむくみやすくなりますが、足腰を動かして筋肉ポンプを作動させることで血流がよくなり、むくみが取れて下半身太りも次第に解消されていきます。

メリット 4 いまそこにある「ロコモ」を予防すれば 健康寿命も延ばせる

　最近、平均寿命と健康寿命の差に注目が集まっています。健康寿命とは介護の必要がなく、自立した生活が送れる寿命のこと。健康寿命は平均寿命よりも男性で約9年、女性で約11年も短く、その間は不自由な生活を強いられます。

　健康寿命を延ばすために大事なのが、ロコモティブシンドローム（運動器症候群、通称ロコモ）の予防。ロコモとは、筋肉、骨、関節などに問題があり、移動する機能が低下してさまざまな障害が起こる状態。「ロコモを気にするのはまだ早い」と思うかもしれませんが、厚生労働省の調査によると40歳以上の男女の5人に4人はロコモか、もしくはその予備群だと考えられています。イスから片脚で立ち上がれない、歩幅が狭いといった自覚症状があるとロコモ予備群かもしれません。

　股関節と下半身のトレーニングはロコモ予防に好適。何歳になっても自立した生活を楽しむために、いまから鍛えておきましょう。

トレーニングのねらいと注意点

バランスよく鍛える！

3STEPと、パーツごとに鍛える段階が異なります。

STEP2 伸ばす！ ← STEP1 鍛える！

ストレッチ
筋肉を心地よく伸ばして柔軟性を取り戻そう

筋力トレーニング
正しいフォームを意識して。適切な負荷で筋力をアップ！

筋肉は伸び縮みしますが、姿勢や動作が偏っていると縮まったまま伸びにくくなり、硬くなって動きが悪くなります。そんな縮まって硬くなった筋肉をゆっくり静かに伸ばし、柔軟性をよくするのがストレッチ。股関節などの関節が動く範囲（可動域）を広げる効果があります。また筋肉を鍛えても、筋肉が縮まったままだと、発揮できる筋力は上がりにくいのです。

　反動を使わないで、「少し痛いけど、気持ちいい」と感じるポイントで静止。息を吐きながらだと筋肉は伸びやすくなります。ゆっくり呼吸を続けながら30秒ほどキープします。反動を使ったり、痛みを感じるところまで無理に伸ばそうとしたりすると、筋肉は逆に硬くなりますから、要注意。「このポーズで30秒もキープできない」と思う方は伸ばしすぎです。筋肉は温めた方が伸びやすいので、ウォーキングや筋トレのあと、おふろ上がりに行ってください。

筋肉に負荷をかけて鍛えるのが、筋力トレーニング（筋トレ）。たとえ90歳になっても、正しい筋トレを続ければ、筋力は向上して筋肉量がふえることがわかっています。

　筋トレは自分に合った強度で行うのが鉄則。筋力の衰え具合には個人差がありますから、本書では強度を★の数で示し、★、★★、★★★と3段階で用意しています。★からはじめて徐々にステップアップしていきましょう。目安として、1セット内で指定された回数（20回）の2倍（40回）が正しくこなせたら、強度を1段階ずつ上げてみてください。

　回数をこなすことに気を取られると姿勢が乱れがちですが、間違ったフォームでは何回やっても思ったような効果は期待できません。動かすスピードを変えないでゆっくりとコントロールして、血圧を上げないために筋トレ中に呼吸を止めないことも重要です。

POINT
① 反動を使わないでゆっくり伸ばす
② 息を吐きながら伸ばす
③ 痛みを感じるまで無理に伸ばさない
④ 呼吸をしながら30秒キープ
⑤ 事前に筋肉を温めてから行う

POINT
① 自分に合った強度で行う
② 低い強度からステップアップ
③ 正しいフォームを意識する
④ スピードを変えずにコントロール
⑤ 呼吸を決して止めない

4STEPで股関節を

股関節を鍛えるには、以下の4STEPで。下半身は2STEP、肩甲骨は

STEP4 ゆるめる！ ← STEP3 動かす！ ←

モビライゼーション

力を入れずに小刻みに動かし、その振動で疲労と緊張をオフにする

ふだん動かしていない筋肉と関節は、血流が不足して疲労がたまり、緊張状態になっています。その疲労と緊張を取り、ゆるめる目的で行うのが、モビライゼーションというテクニック。関節が動ける範囲を超えない幅で、小刻みに動かすと、その振動が筋肉に伝わり、リラックスできるのです。

モビライゼーションは本来、私たちのようなトレーナーや理学療法士の助けを借りて行うもの。自分一人でセルフでやるときには、完全に脱力してリラックスするのがコツです。筋力で動かそうとするのではなく、重力に身を委ねて、体の重みで自然に動くような気持ちで行うと効果的です。

緊張をオフにするためにも、呼吸は決して止めないこと。寝つきの悪い人は、寝る前にモビライゼーションを習慣にすると興奮が収まり、寝つきがよくなります。

> **POINT**
> ①関節の動ける範囲を超えて動かさない
> ②完全に力を抜いてリラックスする
> ③重力に身を任せるつもりで行う
> ④呼吸を決して止めない
> ⑤寝る前に行うと寝つきがよくなる

動的ストレッチ

痛くない範囲でリズミカルに動かし、スムーズな動きを取り戻す

一般的ないわゆるストレッチは、反動を使わずにゆっくり静かに筋肉を伸ばして静止することから「静的ストレッチ」と呼ばれます。それに対して筋肉と関節を動かし続けるのが動的ストレッチです。

運動神経の指令で筋肉は伸び縮みし、関節を動かしていますが、運動不足だと運動神経の回路が鈍くなり、筋力や柔軟性が回復しても上手に動かせなくなります。それを回復させるのが、動的ストレッチのおもなねらい。関節内で潤滑油の役目を果たしている「滑液（かつえき）」も分泌されて、より動きやすくなります。

痛みを感じる範囲で動かそうとすると、筋肉は硬くなりますから、痛みが生じない範囲で行うのが正解。小さな動きからはじめ、少しずつ動きを大きくします。このエクササイズでも呼吸を止めないことが大事。筋トレやストレッチ前のウォーミングアップにも使えます。

> **POINT**
> ①痛みを感じない範囲で動かす
> ②小さな動きから徐々に大きくする
> ③呼吸を決して止めない
> ④関節内の潤滑油がふえる
> ⑤ウォーミングアップにも使える

本書の上手な使い方

これなら続く！
レベル別 股関節＆肩甲骨の鍛え方

効果的に安全にエクササイズするコツを説明します。
週2〜3回、自分のペースに合わせて無理なく行いましょう。

本書では股関節、下半身、肩甲骨という3つのテーマ別に計63種類のエクササイズを紹介しています。各テーマからやりやすいと思うものを中心に数種類ずつ選び、週2〜3回のペースで続けてください。

まずはトライしてみて、動作がラクにできるならレベルや回数を上げていくといいでしょう。1カ月、そして3カ月を目安に続け、1年を目標に運動習慣を定着させましょう。必ず体の変化が実感できるはずです。

運動習慣や体力に応じて、左ページにエクササイズプランの立て方を紹介していますので参考にしてください。なお、巻末に《おすすめプログラム》と《下半身集中プログラム》を紹介しています。

本書は、健康状態に問題のない人を対象にしたメソッドです。体調の悪いときは行わないでください。また、大腿骨骨折経験のある人や変形性股関節症などの病気のある方は必ず医師に相談のうえ行ってください。

3テーマ、計63種類のエクササイズからカスタマイズ

エクササイズページの構成

エクササイズの種類
鍛える！（筋トレ）、伸ばす！（ストレッチ）、動かす！（動的ストレッチ）、ゆるめる！（モビライゼーション）の目的別に分類

解説
このメニューを行う目的や背景、実施するうえでの注意点などを詳説

時間と回数の目安
目安となるトレーニングの時間と回数を表示。筋トレは強度のレベルを★で表示

※アレンジで強度を上げたもの（LEVEL UP！）と下げたもの（難しい人は…）を紹介した種目もある

意識すべき部位
意識すべき筋肉や部位を明示。常に効かせるよう集中して行うと効果的

フォームとポイント
動きを正しく行うコツを解説。参照しながらエクササイズすると間違ったフォームになるのを防げる

OK／NG
とくに間違いやすいポイントに関しては、OKのフォームとNGのフォームを対比させるなどしてくわしく解説

8

レベル別 エクササイズプランの立て方

初級者

運動習慣がまったくない

歩くときにつまずきやすい、階段を上るのがキツイ……。そんな自覚がある人は、股関節の衰えがかなり進んでいる恐れがあります。あれこれ欲張るのではなく、まずは股関節のエクササイズに集中的に取り組みましょう。

PART1 股関節トレーニング（2～3種類） × 週2～3回

中級者

ウォーキング習慣がある

ウォーキングの習慣があり、通勤などで1日5000歩前後は歩いているという人なら、股関節トレーニングに下半身トレーニングを組み合わせましょう。週2～3回からはじめ、ラクにできるようになったら毎日を目標に。

PART1 股関節トレーニング（2～3種類） + PART2 下半身トレーニング（2～3種類） × 週2～3回

上級者

運動習慣がある

ランニングや水泳など、定期的な運動習慣があり、身軽に階段をかけ上がれるくらいの体力があるなら、股関節、下半身、肩甲骨をトータルで鍛えましょう。全身の活性化に役立ちますから、運動効果を高め、若さをキープできます。

PART1 股関節トレーニング（2～3種類） + PART2 下半身トレーニング（2～3種類） + PART3 肩甲骨トレーニング（2～3種類） × 毎日

本書で鍛えられる
おもな筋肉

エクササイズをするときに、ねらったパーツを意識すると効果的です。
「ココに効いている！」と集中しながら行うといいでしょう。

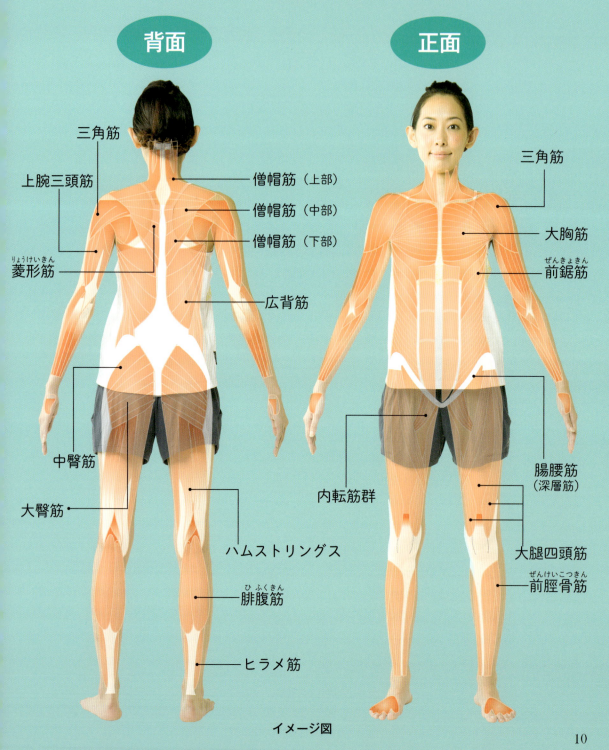

イメージ図

PART1

活動量アップ！
股関節
トレーニング

股関節まわりには
おしりを形作る筋肉や太ももを走る筋肉、
体幹を整える筋肉など、
アンチエイジングのカギとなる筋肉が
集中しています。
これらの筋肉群を活性化すると
エネルギッシュに活動できるように
なります。

ココに効かせる！ 股関節

動ける体に大変身して ぜい肉を追放！ 血液とリンパの流れも スムーズにします

アンチエイジングの要は股関節。股関節をよみがえらせると、
日常生活が格段に快適に。体の軽さが実感できます。

衰えた深層の筋肉を刺激。 股関節を内側から大改造

脚の付け根にあたる股関節は、私たちの体重を支え、歩くことはもちろん、跳んだり走ったり、しゃがんだり座ったり、横になったりといったさまざまな動作をスムーズに行う役割を担っています。これは、股関節が骨盤の両サイドにある凹みに太ももの骨の丸みを帯びた先端が入り込む「球関節」の一種だからです。関節のなかでも球関節はもっとも自由に動かせるジョイントで、前後左右、回転などの動作をサポートしています。

「最近、つまずきやすくなった」「階段を上がるのがキツイ」「同じ姿勢で座り続けるのがつらいので、すぐに脚を組みたくなる」「歩く歩幅が狭くなってきた」「下半身が重く感じる」……。こうしたサインがあったら、股関節がかなり衰えている可能性があります。股関節をなめらかに動かすためには、股関節周囲の筋肉をどんどん動かし、活性化していくことが大切です。股関節を動かしている筋肉のなかでも、とくに重要な

のは腸腰筋という筋肉です。

腸腰筋は、太ももの骨（大腿骨）、骨盤、背骨（腰椎）を結んでおり、上半身と下半身をつないでいる唯一の筋肉です。ただし、腸腰筋は骨格に近い深層を走っている深層筋（インナーマッスル）であり、触ったり、動きを意識したりしにくいため、日常生活では鍛えることが難しいのです。

股関節のトレーニングでしっかり鍛えましょう。股関節がスムーズに動くようになると、フットワークが軽くなって歩数などの活動量が自然とふえてエネルギー消費もアップしていきます。

デスクワークで座りっぱなしの姿勢を続けていると、股関節が曲がったままになり、下半身の血液やリンパの流れが悪くなり、その結果、代謝が落ちたりむくんだりしがちです。股関節がしなやかに動くようになると、血流やリンパの流れがよくなり、代謝が上がって不快なむくみも解消されていきます。日常生活がラクになるだけでなく、より大きな負荷を必要とするスポーツも楽しめるようになり、活動範囲も広がるでしょう。

股関節の構造

骨盤の横にある凹み（寛骨臼）に、太ももの骨（大腿骨）の丸みを帯びた先端（大腿骨頭）が入り込んだのが、股関節。両脚の付け根にあたり、球関節というとても自由度の高い設計なので、脚をいろいろな方向へ動かせる。

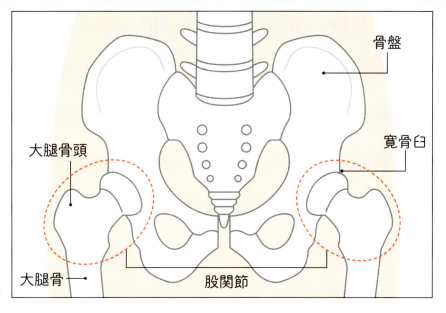

イメージ図

エクササイズする筋肉

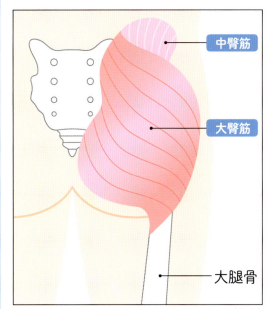

イメージ図（背面）

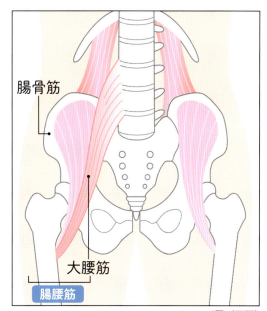

イメージ図（正面）

大臀筋
おしりの形を作る筋肉。ふだんはあまり使われないが、鍛えるとおしりが引き締まる。股関節を伸ばし、外側へひねる働きがある。骨盤から太ももの骨（大腿骨）へ走る。

中臀筋
おしりの横にある筋肉。股関節を外側へ開いたり、内側へ回したりする働きがあり、衰えるとまっすぐ歩けなくなる。骨盤から太ももの骨（大腿骨）の先端部分へのびている。

腸腰筋
上半身と下半身をつなぐ。股関節を曲げたり、外側へひねったりする働きがある。ここが衰えて硬くなると股関節がスムーズに動かなくなる。背骨（腰椎）から骨盤、太ももの骨（大腿骨）へのびる。

STEP 1 鍛える！

ひざ上げ

股関節周囲に筋肉をつけ脚の根元の動きをよくする

股関節でもっとも重要な筋肉は、脚の付け根にある腸腰筋です。デスクワークなどで座っている時間が長いと腸腰筋は衰えやすく、股関節の動きが悪くなります。腸腰筋は脚を引き寄せるときに働いているので、イスに座って脚を上げるだけでも鍛えられます。イスに座ると姿勢が安定し、腸腰筋がピンポイントで強化されます。

腸腰筋

レベル ★☆☆　　左右各20回×2〜3セット

1 イスに座って片脚を伸ばす

イスに浅く腰掛けて両手でイスの座面を持ち、上体を後ろに傾けて背もたれに背中をつける。左脚を前に伸ばす。

- ひざを軽く曲げてつま先を上げる
- 上体を後ろに傾けておく

2 ひざと胸を近づける

左ひざを曲げて胸に向かってゆっくり引き寄せながら、上体を前に傾けて、ゆっくり元に戻る。左右を替えて同様に。

- ひざを曲げながら胸に近づける
- 上体も同時に前へ傾ける

NG! ← 上体が前に倒れていない

股関節が動ける範囲が狭くなるため、腸腰筋が鍛えにくくなる。

14

STEP1 鍛える！ 腸腰筋

ひざ上げウォーキング

太ももを強くすれば、歩数がふえてやせる

歩くのがおっくうになるのは、腸腰筋が衰えているサイン。腸腰筋は歩いたり、走ったりするときに必ず働いている筋肉です。弱ると歩幅が狭くなり、歩数がへり、消費カロリーがへって太りやすくなる要因に。歩くときにひざを高く上げるだけで、腸腰筋のトレーニングになります。なるべくゆっくり行うと効果的。

腸腰筋

レベル ★☆☆　　左右各20回×2～3セット

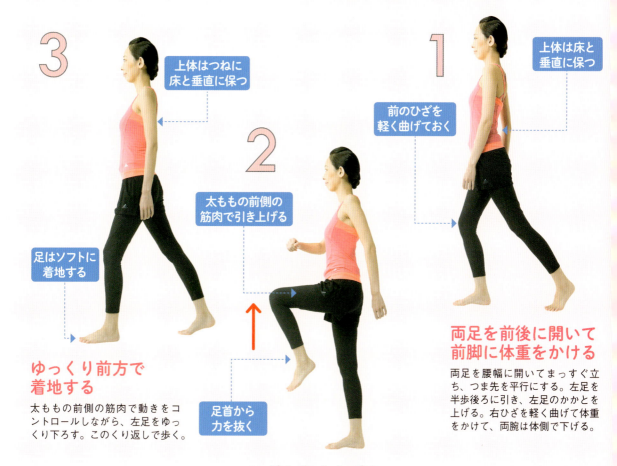

1　両足を前後に開いて前脚に体重をかける
両足を腰幅に開いてまっすぐ立ち、つま先を平行にする。左足を半歩後ろに引き、左足のかかとを上げる。右ひざを軽く曲げて体重をかけて、両腕は体側で下げる。
- 上体は床と垂直に保つ
- 前のひざを軽く曲げておく

2　ひざを高く上げる
右腕を前へ、左腕を後ろに振りながら、太ももが床と平行になるまで、左ひざを引き上げる。
- 太ももの前側の筋肉で引き上げる
- 足首から力を抜く

3　ゆっくり前方で着地する
太ももの前側の筋肉で動きをコントロールしながら、左足をゆっくり下ろす。このくり返しで歩く。
- 上体はつねに床と垂直に保つ
- 足はソフトに着地する

NG!　ひざが上がりきっていない
太ももが床と平行になるまでひざを高く上げないと効き目が落ちる。

ステップアップ＆ひざ上げ

段差や台を活用して負荷をアップ！

駅やビルで階段を避けて、エスカレーターやエレベーターに頼っていると、脚を引き上げる筋肉である腸腰筋が弱くなり、股関節が衰えがちになります。日常生活ではできるだけ階段を使うようにしてください。さらに階段のような段差や台を使うと自宅でも股関節のトレーニングが行えます。高すぎず、低すぎない、適切な高さの台を用意しましょう。

腸腰筋

レベル ★★☆　　左右各20回×2〜3セット

上体を床と垂直に保つ

両手のひらを正面に向ける

1 片足を台にのせる

右足を台の真ん中にのせ、ひじを曲げて両手を胸の左右に構え、手のひらを正面に向ける。

準備 体格に合った高さの台を用意する

台上に足をのせたときに、ひざが深く曲がりすぎない高さ20〜30cmほどの台を用意。少し離れて両足を揃えてまっすぐ立ち、両腕を体側に下げる。

16

STEP1 鍛える！ 腸腰筋

> 頭から軸足のかかとまでを床と垂直にする

> 太ももが床と平行になるまでひざを上げる

2 台上で片足立ちになる

左側の太ももが床に平行になるまで、左ひざを高く引き上げながら、台上で片足立ちになり、両腕をまっすぐ伸ばす。

> 上体を床と垂直に保つ

> ゆっくり足を床に下ろす

3 台から降りる

左足を床に戻したら、右足も床に下ろして両足を揃え、両腕を体側に下げる。左足の引き上げを連続して行い、終わってから右足も同様に行う。

台が高すぎる ✕
台が高すぎるのはNG。ひざが90度よりも深く曲がるとひざの負担になる。

つま先だけで台に乗る ✕
足全体を台上にのせないと姿勢が不安定になり、転倒する恐れがある。

ランニングマン

その場ランニングのポーズで簡単に股関節を強化

スポーツシーン以外の日常生活では、両脚を前後に大きく開くチャンスはほとんどありませんが、この動きこそが腸腰筋を鍛えてくれます。まるでその場で走っているように、片脚ずつ前後にフルレンジで動かしてやると、股関節でいちばん大切な腸腰筋がトレーニングされます。

腸腰筋

レベル ★★☆　　左右各20回×2～3セット

1
頭から軸足のかかとまで床と垂直にする
頭から後ろ足のかかとまでを一直線にする
前脚を軽く曲げて体重をかける

両足を前後に開いて前脚に加重する
腰幅で立ち、左足を大きく後ろに引いてかかとを上げ、右脚を軽く曲げて体重を70％ほどかけて、上体を前に傾ける。左腕を前に出し、右腕を後ろに引く。

2
腰よりも高くひざを引き上げる

ひざを胸に近づける
左ひざを曲げて胸に向かって引き寄せる。上体を前に傾けながら、ゆっくり元に戻る。左右を替えて同様に。

LEVEL UP!
体重をさらに前脚にかける
スタート姿勢で後ろ足をさらに後ろに引いて、前脚のひざを深く曲げて体重の80％以上かけながら行うと負荷がさらにアップする。

NG! 上体が起きている

スタート姿勢では上体を前傾させて前脚に体重をかける。上体が起きると足幅が狭くなるのでトレーニング効果が落ちる。

18

STEP1 鍛える！ 腸腰筋

片脚スクワット&ひざ上げ

バリアフリー化で衰えた足腰に活を入れる

段差をなくすバリアフリー化が進むのはありがたいことですが、健康な人がそれに甘んじていると、足腰と股関節が衰えやすくなります。そこで、台を使って段差を作り、足腰と股関節を強化しましょう。日常生活でも、エスカレーターやエレベーターではなく、階段を積極的に利用するように心がけてください。

腸腰筋

レベル ★★★　　左右各20回×2〜3セット

2
- 腰よりも高くひざを引き上げる
- 頭から軸足のかかとまで床と垂直にする

台上で片脚立ちになる

左右の腕を入れ替えながら、左ひざを腰よりも高く引き上げて台上で片脚立ちになり、頭から右脚のかかとまで床と垂直にしたら、ゆっくり元に戻る。片側が終わったら左右を替えて同様に行う。

1
- 頭から後ろ足のかかとまで一直線に
- 前足に体重をかける

台上に片足をのせる

台上に右足全体をのせ、左足を大股1歩分後ろに引いてかかとを上げる。右ひざを90度曲げて体重を80％くらいかけ、上体を前に傾けて頭から左のかかとまでを一直線にする。左腕を前へ出し、右腕を後ろに引く。

OK! ひざが出すぎない

1で前脚のひざがつま先より前に出ないように。

NG! ひざが前に出すぎる

ひざがつま先より前に出ると、ひざの負担になる。

かかとタッチ＆横キック

おしりの横を刺激して骨盤の歪みをリセット

おしりの横にあり、股関節と骨盤の安定性を支えるのは、中臀筋という筋肉です。歩いたり、階段の上り下りをしたりする機会がへると、中臀筋が衰えて股関節と骨盤が正しい位置に収まらなくなり、骨盤の歪みをもたらします。中臀筋は脚を横に上げるときに働く筋肉ですから、おしりの横に効いている感じが得られる高さまで、脚を上げましょう。

レベル ★ ☆ ☆　　左右各20回×2〜3セット

2 片脚を真横に上げる

右手を離して左ひざを伸ばしながら、左脚を真横にゆっくり高く上げる。片脚でバランスをとったままゆっくり元に戻る。左右を替えて同様に行う。

横に開いた脚のひざは軽く曲げてOK

頭から軸足のかかとまで床と垂直にする

1 片脚を後ろに引いて反対の手でタッチ

両足を腰幅に開いて立ったら、左ひざを曲げて左脚を後ろに引き、そのつま先に右手でタッチする。左腕は体側で下ろす。

頭から軸足のかかとまで床と垂直に

後ろに引いた足のつま先に反対の手で触れる

NG!

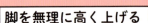

脚を無理に高く上げる

脚を高く上げようと意識しすぎると、脚が開いて腰が落ち、姿勢が崩れてしまう。

STEP1 鍛える！ 中臀筋・大臀筋

横向き脚上げ

自分の脚の重みで骨盤の傾きを整える

中臀筋には、脚を真横に上げる働きがあります。ふだんは脚を横へ大きく振り上げるチャンスはなかなかありませんが、床で横向きになって行うと、自分の脚の重みがウェイトの代わりになって、中臀筋に対するトレーニング効果が得られます。右と左では弱い方が必ずありますから、弱い方を強化すると骨盤の歪みが整いやすくなります。

 中臀筋

レベル ★★　　左右各20回×2〜3セット

1

横向きで寝て上の脚を伸ばす

右向きで床に横たわり、右腕を床で伸ばして頭をのせる。左手は頭の前で床につける。右ひざを90度曲げ、左脚を床と平行にまっすぐ上げる。

- 上の脚は脱力させてひざを軽く緩める
- 下の脚のひざを曲げて姿勢を安定させる

2

上の脚を引き上げる

左ひざの角度を変えないで、ゆっくり左脚を引き上げ、ゆっくり元に戻す。左右を替えて同様に行う。

- 上体を開かないようにまっすぐ保つ
- 腰から上は動かないように固定する

OK! ○
体の真横で脚を上げ下げする　横向きにした体は常に床と垂直に保ち、上の脚は体の真横で上げ下げする。

NG!  ×
体の真横で脚を上げていない　脚を体の前や後ろで上げないようにする。

上体起こし

上半身と下半身をリンク。股関節の動きを助ける

強度★★の「横向き脚上げ」（→P.21）をより進化させたのが、強度★★★にランク付けされたこのエクササイズ。「横向き脚上げ」では上体を固定して脚だけ上げますが、ここでは脚とともに上体を引き上げて、強度難度ともにアップしています。

レベル ★★★　　左右各20回×2〜3セット

1 横向きで寝て上の脚を伸ばす

右向きで床に横たわり、右腕を床で伸ばして頭をのせる。左手は胸の前で床につける。右ひざを90度曲げ、左脚を床で伸ばしてひざを軽く曲げる。

2 上体を軽く起こす

下の手を肩の真下に引き寄せ、両腕を少し伸ばして上体を床から軽く起こす。

・下の手の位置を肩の真下にする

3 上の脚を床から高く上げる

両腕を伸ばして上体をさらに起こしながら、ひざの角度を変えないで左脚を高く上げる。ゆっくり 2 に戻る。左右を替えて同様に行う。

・わき腹を床から拳1個分ほど浮かせる
・腕を伸ばして上体を高く起こす
・上の脚のひざの角度を変えない

NG! ひざが曲がりすぎている

ひざを曲げすぎて引き寄せると、狙った中臀筋に効きにくくなる。

> STEP1 鍛える！　中臀筋・大臀筋

バックキック

加齢に打ち勝ち、おしりを上げて脚長に

加齢とともにおしりの筋肉が衰えると、おしり全体が重力の影響で垂れ下がり、脚も短く見えてしまいます。それを防ぐために、ぜひトライしてもらいたいのが、このエクササイズです。おしりの形を決めているのは、股関節についている大臀筋。よつんばいになって、脚を後ろにキックする動きで強化できます。

大臀筋

レベル ★☆☆　　左右各20回×2〜3セット

1 床でよつんばいになる
両手、両ひざをついてよつんばいになる。手は肩の真下、ひざは腰幅に開いて股関節の下につく。頭は背骨の延長線上に保つ。

ヘソをのぞくように背中をきちんと丸める

ひざをお腹にしっかり引き寄せる

2 片ひざをおなかに近づける
左ひざをおなかに引き寄せて背中を丸める。

脚を床と平行に伸ばす

3 引き寄せた脚を後ろに伸ばす
背中を伸ばしながら、左脚を床と平行に伸ばしたら、ゆっくり②に戻る。左右を替えて同様に行う。

頭を背骨の延長線上に保つ

NG!

背中が反っている
頭が上がり、背中を反らすと腰の負担になる。

腕上げ&脚上げ

垂れ下がりを阻止して上向きのおしりを作る

これは強度★のバックキック（→P.23）の進化バージョンです。バックキックは脚だけの動きでしたが、今度は腕の動きも加わり、よりダイナミックになります。年齢とともに締まりがなくなり、下垂しがちになるおしりに刺激を入れて、形よくシェイプされた美しいおしりを目指しましょう。腰を反らしすぎないように注意。

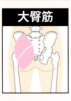
大臀筋

レベル ★★　　左右各20回×2〜3セット

1 よつんばいになる

両手、両ひざを床についてよつんばいになる。手は肩の真下、ひざは腰幅に開いて股関節の真下につく。

頭は背骨の延長線上に

2 対角のひじとひざを近づける

右ひじと左ひざをつけるようにおなかの真下で近づけながら、ゆっくり背中を丸める。

ヘソをのぞくように背中をきちんと丸める

対角のひじとひざをつけるイメージで

3 対角の腕と脚を伸ばす

右腕と左脚を床と平行にゆっくり伸ばし、顔を正面に向け2に戻る。左右を替えて同様に。

目線は伸ばした指先に向ける

腕と脚をより遠くへ伸ばして引っ張り合う

24

STEP1 鍛える！ 大臀筋

おしり&ひざ上げ

脚全体の重みを使って美尻を実現！

股関節を大きく曲げたり、伸ばしたりする動きをとり入れておしりの形を決めている大臀筋をダイナミックに使いましょう。コンパクトに引き締まった美しいおしりを手に入れるには、大臀筋を鍛えるのが先決。あお向けの姿勢になると、脚の重みがより負荷としておしりに加わりやすくなるため、トレーニング効果が高まります。

大臀筋

レベル ★★★　　左右各20回×2～3セット

1 あお向けで片ひざを立てる

床であお向けになり、右ひざを立て、左脚をまっすぐ伸ばす。両腕を体側で伸ばして上体を固定する。

上体の姿勢を安定させる　　片ひざを立てる

2 おしりを持ち上げる

左ひざを胸に引き寄せながら、右ひざと肩までが一直線になるまでおしりを上げる。ゆっくり1に戻る。左右を替えて同様に行う。

伸ばした方のひざを引き寄せる　　ひざと肩までを一直線に保つ

NG!

おしりが上がりきっていない
おしりがしっかり上がっていないので、大臀筋をうまく刺激できない。

立てた脚を引き寄せすぎている
おしりを上げやすい角度でひざを曲げて立てる。

STEP 2 伸ばす！

腸腰筋のストレッチ 1

座りっぱなしで硬くなる脚の付け根を伸ばす

股関節を安定化させるうえでいちばん大切なのは腸腰筋ですが、座っている時間が長いと腸腰筋は縮みっぱなしで硬くなります。腸腰筋を硬いままにしておくと股関節の動きが悪くなって、脚の付け根に突っ張ったような違和感が出てきます。腸腰筋をストレッチし、柔軟性がアップすると脚の付け根の違和感がすっきり解消されて、股関節が動きやすくなります。

腸腰筋

左右各30秒キープ

1

片側のおしりと太ももだけで座る

イスに横向きで座り、右手で背もたれを持って姿勢を安定させる。右側のおしりと太ももだけを座面にのせ、左側のおしりと太ももを浮かせる。両脚を揃えてひざを90度に曲げる。

片側のおしりと太ももだけで座る

片手で背もたれを持って姿勢を保つ

26

STEP2 伸ばす！ 腸腰筋

片脚をまっすぐ後ろに伸ばす

左脚を後ろに引き、足首を伸ばして足の甲を床につける。左手で腰を前に押し出しながら、股関節をストレッチ。左右を替えて同様に行う。

手で腰を前に押し出す

足の甲を床につける

LEVEL UP!

上体をひねってさらに伸ばす

上体がひねれるなら、上体を背もたれ側へひねり、背もたれを両手で持つと、さらに股関節がストレッチされる。

腸腰筋のストレッチ2
不良姿勢を追放。腰の不快感を断つ

腸腰筋は背骨、骨盤、太ももの骨をつなぐ大事な筋肉です。ここが硬くなると背骨、骨盤、太ももといった体幹から下半身にかけての骨格が動きにくくなり、姿勢が悪くなったり、腰痛などの痛みのきっかけになったりします。硬くなった腸腰筋を日々ストレッチして柔軟性がアップすると姿勢がよくなりますし、腰痛などの不快感の軽減にも役立ちます。

腸腰筋

左右各30秒キープ

1 両足を大きく開いてひざ立ちに
左ひざを床についてひざ立ちになり、右ひざを前に出して90度曲げて、太ももの付け根を十分開く。両腕を体側で下げる。

後ろ足のかかとを見るように

腰をぐいと前に押し出す

2 腰を押し出しながら上体をひねる
左腕をまっすぐ伸ばして上げ、左足のかかとを見るように、上体を右側にひねりながら腰を前へ押し出してストレッチ。左右を替えて同様に。

難しい人は…
ひねらずに腰だけを押し出す
体をひねるのが難しい人は、両腕を肩幅で上げて、上体をひねらずに腰をまっすぐ前に押し出す。

NG!
股関節の開き方が不十分
準備の段階で股関節が十分に開いていないと、筋肉がきちんと伸びてくれない。

STEP2 伸ばす！ 腸腰筋

腸腰筋のストレッチ3

すき間時間を利用。股関節をほぐす

腸腰筋のストレッチでは、ひざを床について行うものが多いのですが、立ったまま行えるこのポーズなら、電車や信号を待つ間など、ちょっとしたすき間時間にも手軽にチャレンジできます。筋トレと違ってストレッチは1日に何回やってもいいですし、継続することで確実に柔軟性も上がってきます。立ったまま腸腰筋を伸ばすクセをつけてください。

腸腰筋

左右各30秒キープ

両腕を上下の方向へ引き合う

後ろ脚を伸ばしてかかとを上げる

前脚を軽く曲げて体重をかける

後ろ脚側の筋肉が伸びる

2 体をひねりながら、両腕を引き合う

腰を前に突き出しながら、上体を右側にひねり、右腕を下、左腕を上へ伸ばし、反対方向に引き合う。視線は右斜め前に向ける。左右を替えて同様に行う。

1 両足を前後に開いて立つ

両足を腰幅に開いて立ち、左足を大きく後ろに引いてかかとを上げ、右ひざを軽く曲げて体重をかける。両腕を肩の高さで左右に伸ばし、手のひらは正面に向ける。

OK! ○ 足は前後にしっかり開く
前後の足を大きく開き、後ろ脚の太ももの付け根を伸ばす。

NG! × 足幅が狭すぎる
足幅が狭く後ろ脚のひざが曲がっているため、筋肉が伸びにくい。

29

腸腰筋のストレッチ4
骨盤を押して上体をひねるとフットワークが軽くなる

　股関節に付いている腸腰筋を心地よくストレッチするための大切なポイントは、大きく2つあります。1つは骨盤を前に押し出す意識を持つこと、もう1つは上体を思い切ってひねることです。この2つを同時に行うと腸腰筋は伸ばしやすくなり、柔軟性がアップするので股関節、骨盤、背骨がスムーズに連動して動くようになります。

腸腰筋

左右各30秒キープ

1 両脚を伸ばして座る
両脚を揃えて伸ばして床に座り、両手をおしりの後ろにつく。

両手をうしろについて上体を少し後傾させる

2 片ひざを横に開く
左ひざを曲げて横に開き、左手を左の腰に添える。

ひざをしっかり横に開く

3 上体を大きくひねる
左手で腰を前に押し出しながら、後ろを向くように上体を右へひねって股関節をストレッチ。左右を替えて同様に行う。

後ろを向くように上体をひねる

片手で腰を前に押し出す

NG! ひざが横に開いていない
ひざが前に出たままと股関節がきちんとストレッチされない。

STEP2 伸ばす！ 腸腰筋・中臀筋

中臀筋のストレッチ1
おしりの硬さを取ればまっすぐキレイに歩ける

このストレッチは「腰のストレッチ」としてよく知られていますが、正確にはおしりの外側にある中臀筋のストレッチです。中臀筋が硬いと股関節の動きが悪くなり、ひどい場合にはキレイに歩くのが難しくなります。頭の後ろにクッションや枕を当てるとやりやすくなります。

中臀筋

左右各30秒キープ

1 あお向けで片ひざを立てる
床であお向けになり、右ひざを立てる。両腕を体側で「ハ」の字に開く。

両腕を開いて上体を安定させる

反対の手で立てたひざを倒す

2 腰を大きくひねる
右ひざを左側へひねり、顔は右側へ向けながら、左手を右ひざの外側に添えて左の床に向かって倒す。左右を替えて同様に行う。

両肩は床につけておく

難しい人は…
手を添えずにひざだけ倒す

手がひざにつかない場合は手の動きをつけないで、片ひざを反対の床に近づけ、顔を反対に向けてストレッチ。

NG!
肩が床から浮いている
肩が浮くと上体が動くので、腰がひねりにくくなる。

31

中臀筋のストレッチ 2
座ったまま何度でもひねっておしりの緊張を取る

中臀筋は座ったままでもストレッチ可能。片ひじで反対のひざを押しながら上体をひねるこのポーズで、効率よく伸ばせます。床に座ってテレビを見ているときなどに試してみましょう。硬くなった中臀筋を柔らかくし、緊張を解消するので下半身がラクになります。

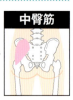

左右各30秒キープ

1 座って片ひざを立てる

両脚を伸ばして床に座り、左ひざを立てる。両手を後ろにつく。

立てたひざは90度くらいに曲げる

2 上体をしっかりひねる

左足を右ひざの外側へ置き、右ひじを左ひざの外側につけて押しながら、後ろを向くように左側へ上体をひねる。左右を替えて同様に。

ひじでひざを押しながらひねる

ひざを立てた側のおしりが伸びる

OK!

ひじでひざを押している

ひざを押しながらひねると、おしりが伸びやすい。

NG!

ひじでひざが押せていない

ひじでひざを押さないと、おしりが伸びにくい。

STEP1 伸ばす！ 中臀筋・大臀筋

大臀筋のストレッチ1

コチコチの股関節をなめらかに動けるようにする

おしりの大部分を占める大臀筋は、脚を後ろに振り上げる働きがあります。ランニングなどでは大いに活躍しますが、運動不足だと出番が少なくて、弱く、硬くなり、股関節の動きが悪くなります。そこでイスに座ったまま、大臀筋をストレッチする方法を覚えましょう。背すじを曲げずにおしりが心地よくストレッチされるのを感じてください。

大臀筋

左右各30秒キープ

1 イスに座ってひざに足首をのせる

イスに浅く腰掛け、左の足首を右ひざに乗せ、左の足首とひざに手を添える。背すじを伸ばして姿勢を正す。

のせたふくらはぎは両肩と平行にする

ARRANGE!

床で座った姿勢でも行える

クッションを前に置き、ひざを曲げて左脚をのせる。両手をクッションの横について、背すじを伸ばしたまま前傾する。伸びにくいときはクッションを2個重ねる。

2 上体を前に倒していく

背すじを伸ばしたまま、胸を左のふくらはぎに近づけて、左のおしりをストレッチする。左右を替えて同様に行う。

背すじを伸ばしたままで行う

胸をふくらはぎに近づける

OK!
背すじを伸ばしたままで上体を前傾させる。
背すじが伸びている

NG!
背すじを伸ばさないと、おしりの筋肉が伸びにくい。
背中が丸まっている

33

大臀筋のストレッチ2
このポーズを朝イチの習慣に!

ストレッチは日常生活の延長線上で行うのが正解です。歯磨きのようにライフスタイルに組み込んでしまえば、継続しやすいからです。大臀筋のストレッチも、タイミングを決めると忘れずに続けやすくなります。このポーズなら、朝起きたときに寝床でも行えますから、毎日の習慣にするといいでしょう。

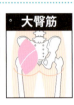
大臀筋

左右各30秒キープ

1 あお向けで立てた脚に反対の足首をかける

床にあお向けになり、左ひざを立て、右の足首をかける。両腕は体側で「ハ」の字に伸ばす。

脚を浅く組む

2 ひざを胸に近づける

両手を左の太ももの後ろに回して組み、ひざを胸に近づけて、右側のおしりをストレッチ。左右を替えて同様に行う。

両手を太ももの後ろに回す

右側のおしりが伸びている

NG!

ふくらはぎをのせている
脚を深く組みすぎるとおしりがうまく伸ばせない。

ひざを抱えている
手を回すのは太もも。ひざを持つと胸に引き寄せにくい。

STEP2 伸ばす！　大臀筋

大臀筋のストレッチ3
上半身の体重をきちんとかけてラクラクストレッチ

ストレッチは、道具を使わないで行えるのが大きなメリット。姿勢を変えたり、腕や脚を引っ張ったりすることで、硬くなっている筋肉を伸ばしていきます。それでも筋肉が伸びにくいときは、体重をかけながら行うと、ラクにストレッチ感が得られます。前傾させるこのポーズで大臀筋も効率よく鍛えられます。

大臀筋

左右各30秒キープ

1 片脚をまっすぐ後ろに伸ばす
床で正座をしてから、両手を前について上体を前に傾けて、右脚をまっすぐ後ろに伸ばす。

両手を体の前につく

上体の重みを使って背すじを伸ばす

片側のふくらはぎを前に出す

2 上体の重みでおしりを伸ばす
左のふくらはぎを前に出してひざを90度曲げ、背すじを伸ばしたままの重さを使って左側のおしりをストレッチ。左右を替えて同様に行う。

難しい人は…
両ひざを90度曲げてストレッチ
やりにくい場合は後ろ脚も90度に曲げて同様に行う。

35

STEP 3 動かす！

サークル1
ラクに歩くために脚をグルグル回す

動的ストレッチは、スポーツなどのウォーミングアップにもよく使われます。関節を動かすとまわりの筋肉が温かくなり、関節内で潤滑油の役割をする滑液が分泌されますから、サビた自転車にオイルをさしたように動きがなめらかになります。出かける前に股関節の動的ストレッチを行うと、いつもよりたくさん歩けて運動不足が解消されます。

股関節

左右各20回×2〜3セット

1 あお向けで両脚を伸ばす
床にあお向けになり、両脚を揃えてまっすぐ伸ばす。両腕を体側で「ハ」の字に伸ばす。

両腕を伸ばして上体を安定させる

2 片ひざを曲げて引き寄せる
右ひざを立てるように曲げ、腰よりも高くまっすぐ胸の方に引き寄せる。

腰から上は動かさないようにする

36

STEP3 動かす！ 股関節

3 片ひざを真横に倒す

引き寄せた右ひざを真横に倒して外に開く。

ひざを開いて股関節を開く

脚の付け根から内側にひねりながら回す

4 ひざを伸ばしながら回す

ひざを伸ばしながらスムーズに内側へ回す。

5 両脚を揃える

右脚を床に下ろさないでまた②からはじめて連続して行う。円を描くようにスムーズに股関節を回していく。左右を替えて同様に行う。

脚を下ろして床で休まない

サークル2
運動不足を解消し、自然と動ける体質に

股関節でもっとも重要な筋肉は、脚の付け根にある腸腰筋です。デスクワークなどで座っている時間が長いと腸腰筋は衰えやすく、股関節が硬くなり、動きが悪くなります。腸腰筋は脚を引き寄せるときに働いていますから、イスに座って脚を上げるだけでも鍛えられます。イスに座ると姿勢が安定しますから、腸腰筋をピンポイントで強化されます。

股関節

左右各20回×2〜3セット

1 イスに座って片足を浮かせる
イスに浅く座り、背もたれに背中をつけて上体を後傾させる。両手で座面をつかんで上体を固定。左足を床から浮かせる。

片足を床から浮かせておく

2 片ひざを引き寄せる
左ひざを曲げて手前に引き寄せる。

胸に向かってひざを曲げていく

STEP3 動かす！ 股関節

3 片ひざを真横に倒す
左ひざを真横に倒して外に開く。

ひざを開いて股関節を開く

脚の付け根から内側にひねりながら回す

4 ひざを伸ばしながら回す
左ひざを伸ばしながらスムーズに内側へ回す。

5 両脚を揃える
左足を床に下ろさないで連続して行う。円を描くようにスムーズに股関節を回していく。左右を替えて同様に行う。

足を下ろして床で休まない

ハードル越え

片脚立ちでエクササイズ。役立つ股関節を作る

あお向けになったり、イスに座ったりすると、姿勢が安定するため、ねらった場所の動的ストレッチが行いやすくなります。でも、日常生活で実際に股関節を動かすタイミングは、立った姿勢（立位）であり、片脚で立ったままで動かすことがほとんど。そこで立ったまま動的ストレッチを行うと実践的なトレーニングになり、使える股関節が手に入ります。

股関節

左右各20回×2〜3セット

両腕を左右に開いてバランスを取る

1 片足を大股1歩分後ろに引く

両足を腰幅に開いて立ち、右足を大股1歩分後ろに引き、両腕を左右に開いて倒れないようにバランスを取る。

STEP 4 ゆるめる！

パラレル

リズミカルな動きで股関節の疲れを取る

股関節に痛みがある人のなかには、関節の内部に問題を抱えているケースも少なくありません。そんな方に試してもらいたいのが、関節を小刻みに動かしてゆるめる関節モビライゼーションです。リズミカルな関節モビライゼーションを続けていると、周辺の筋肉の疲れや緊張も軽くなりますから、股関節がスッキリして元気に動けるようになります。

股関節

左右交互に各40回×2〜3セット

2 ひざを左右に倒す

両ひざを開いたまま、脚の重みで左右交互に真横に倒す。

脚の重みを使って自然に倒す

上体とおなかの力を抜いてリラックスする

脱力したままリズミカルに反復する

1 床に座って両ひざを立てる

両ひざは腰幅に開いておく

床に座って両ひざを腰幅に開いて立てる。両手を後ろについて上体を後ろに傾け、上体とおなかの力を抜いてリラックスする。

NG! ひざが揃っている → 股関節が動ける範囲が狭くなるため、効き目が落ちる。

STEP4 ゆるめる！ 股関節

シングルワイパー

骨盤と股関節を連動させて腰の疲労をスッキリ

骨盤は一つの大きな骨だと思われていますが、実際は3つの骨が結合したもの。そこには仙腸関節という関節があり、股関節と連動して働きます。仙腸関節と股関節の連係が悪くなると腰痛を招きやすいので、この動きでゆるめておきましょう。片脚を曲げると骨盤が固定されて、ワイパーのような動きが振動として伝わりやすくなり、効果を高めます。

股関節

左右交互に各20回×2～3セット

ワイパーの動きをイメージして行う

上体とおなかの力を抜く

片ひざを曲げて骨盤を固定する

足の重みで動かす

2 つま先を左右に動かす

かかとを支点につま先を内側へ動かす。ワイパーの動きをイメージして、リズミカルにくり返す。力を抜いて足の重みで自然に動かすようにする。左右を替えて同様に行う。

1 床に座って片脚を伸ばす

床に座り、左脚をまっすぐ伸ばし、右ひざを曲げる。両手を後ろについて上体を後ろに傾け、上体とおなかの力を抜いてリラックス。かかとを支点につま先を外側へ動かす。

OK!

かかとが床にすれて痛い場合はタオルを敷いて行う。

タオルにかかとをのせる

43

ダブルワイパー

股関節をゆるめ、脚を自在に動かせるように

脚はバレエダンサーのようにダイナミックに動けるように設計されています。ところが股関節を動かさないと、周辺の筋肉が衰えて硬くなり、脚の動きにどんどん制約が出て股関節はより固まります。つま先はワイパーのように動かせますが、日常生活ではまずしません。ワイパー運動で筋肉をリラックス。思いどおりに動かせる股関節を手に入れましょう。

股関節

左右交互に各40回×2〜3セット

2 つま先を内側、外側に動かす

かかとを支点として、両足のつま先を同時に内側へ動かす。ワイパーの動きをイメージして、リズミカルにくり返す。力を抜いて足の重みで自然に動かすようにする。

1 床に座って両脚を伸ばす

床に座って両ひざを肩幅に開く。両手を後ろについて上体を後ろに傾け、上体とおなかの力を抜いてリラックスする。

NG! 足幅が狭すぎる

足幅が狭すぎるとつま先が内側に倒れない。

44

PART2

タフな体になる！下半身トレーニング

股関節がスムーズに動くようになれば、
下半身の筋肉を効率よく、
ダイナミックに鍛えられるようになります。
代謝がよくなり、
太りにくい体質へと変わっていくでしょう。
ヒップアップや美脚効果も得られます。

ココに効かせる！下半身

衰えやすい足腰を集中的にケアして下半身太りを解消し、引き締まった美脚に

力持ちであるゆえに、意識的に鍛えないと衰えやすいのが、下半身。
下半身美人を目指して、筋トレとストレッチに励んでみてください。

長く美しい脚を手に入れてアクティブな下半身を作ります

下半身には、全身の筋肉の3分の2が集まっています。

しかも、太ももやおしりといった下半身の筋肉は、上半身の筋肉とくらべると太くて力持ち。筋力は筋肉の断面積に比例しますから、太くて大きい下半身の筋肉は、腕や肩といった上半身の筋肉よりも力強く頑丈です。

そう聞くと「そんなに丈夫ならなぜ〝老化は足腰から〟で下半身から衰えやすいのだろう？」という疑問が当然出てきます。その疑問はもっともですが、足腰から衰えるのは、まさに下半身の筋肉が他の部位の筋肉よりも太くて丈夫だからです。

筋肉を鍛えるには、その筋力を上回る負荷を加える必要があります。上半身の筋肉は細くて非力なので、日常生活で荷物を持ったりするだけでも十分に鍛えられます。

ところが、太くて力持ちである下半身の筋肉は、日常生活では必要な負荷が加わりにくいため、刺激が少なく

て衰えがちなのです。

自分の筋力に合った負荷で強化してください。

下半身のエクササイズは筋トレとストレッチの2タイプのみ。動的ストレッチとモビライゼーションは股関節と共通なので、股関節と同時に鍛えるときは省いてOK。

下半身のみのエクササイズに取り組むときは、股関節の動的ストレッチとモビライゼーションもプラスするとよいでしょう。下半身を動かす習慣をつけると、心臓より下をめぐっている血液を筋肉ポンプで還流させることができるので、全身の血流がよくなり、むくみが取れます。

下半身のなかでも、太もも前側の大腿四頭筋や裏側のハムストリングスをトレーニングすると、ほっそりした美脚になりますし、おしりとの境目がはっきりして脚長に見えます。加えて、ふくらはぎの腓腹筋とヒラメ筋が強化されるとふくらはぎが引き締まって頂点が上がり、素足に自信が持てるでしょう。そして何より、下半身の筋肉量がふえると代謝が上がってやせやすくなるのです。

エクササイズする筋肉

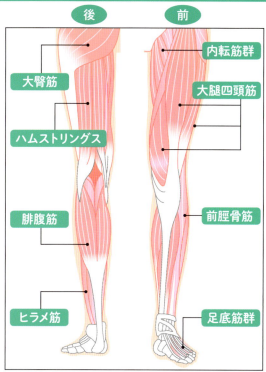

イメージ図

大臀筋（→ P.13）

内転筋群
内ももにある多くの筋肉の総称。太ももを引き寄せる働きがあり、衰えるとO脚になりやすい。

大腿四頭筋
大腿骨を狭み、四方につながる筋肉の総称。全身の筋肉の中でもっとも強くて大きい。

ハムストリングス
太ももの後ろ側にあり、骨盤からふくらはぎの骨（脛骨と腓骨）に付く。股関節を伸ばし、ひざを曲げる働きがある。

前脛骨筋
すねを走る筋肉。腓腹筋やヒラメ筋とは逆につま先を上げる働きがあり、衰えるとつまずきやすくなる。

腓腹筋
ふくらはぎの形を作り、ひざを曲げてつま先を下げる働きがある。ポンプ機能で血液循環を促して、ふくらはぎのむくみを取る。

ヒラメ筋
腓腹筋の奥にあり、つま先を下げる働きがある。腓腹筋と合わせて下腿三頭筋と呼び、ランニングやジャンプするときに働く。

足底筋群
足の裏の筋肉の総称。足底筋膜という丈夫な膜とともに、足裏にアーチを作り、歩いたり、走ったりしたときの衝撃を吸収する働きがある。

下半身の構造

股関節、膝関節（ひざ）、足関節（足首）という関節があり、立つ、歩く、走るといった動きを行う。膝関節は太ももの骨（大腿骨）とふくらはぎの骨（脛骨）、足関節はふくらはぎの骨（脛骨、腓骨）と7つの足の骨が接する。

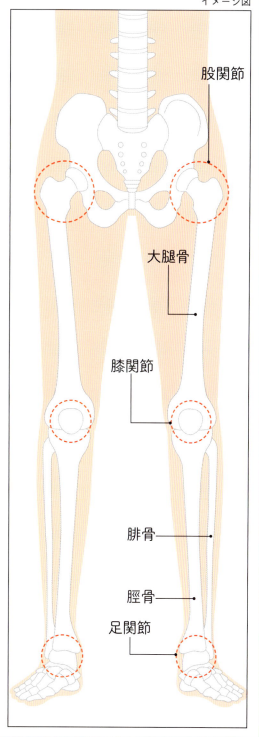

イメージ図

STEP 1 鍛える！

沈み込みウォーキング
歩き方を変えるだけで太ももが引き締まる

太もものたるみが気になってきたら、太ももの筋肉を鍛えるトレーニングを習慣にしてください。太ももの大腿四頭筋は大きな筋肉なので、変化を自覚しやすく、トレーニングを続ける意欲が湧いてきます。はじめはウォーキングの動きを活用した簡単なエクササイズにトライ。ひざをつま先よりも前に出さないで、1歩ごとに深く沈み込んで歩きましょう。

大腿四頭筋

レベル ★　　左右交互に計40歩

3 背すじを伸ばして胸を張る／前後のひざを90度曲げる
2 上体を床と垂直に保っておく／1歩ごとに深く沈み込む
1 つま先を平行にして正面に向ける

左脚を1歩前に出す
左脚を前に出し、前後のひざが90度曲がるまで深く沈み込む。このくり返しでウォーキングをする。

右脚を1歩前に出す
右脚を前に出し、前後のひざが90度曲がるまで深く沈み込む。

両足を腰幅に開いて立つ
両脚を腰幅に開いて立ち、つま先を平行にする。

NG! × ひざがつま先より出る

前のひざがつま先より前に出るとひざの負担になる。

STEP1 鍛える！ 大腿四頭筋

ウェイクアップ

片脚で立ち上がれば、将来のロコモ予防に

太ももの筋肉には体重を支える役割があります。太ももの筋肉が衰えると、一人での移動が難しくなるロコモティブシンドローム（通称ロコモ、→P.5）になる恐れがあります。そのロコモかどうかをチェックするテストの一つが、片脚でイスから立ち上がるこの動き。テストであると同時に太ももが鍛錬できますから、ロコモ予防になります。

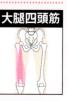
大腿四頭筋

レベル ★　　左右各20回×2〜3セット

1 イスに座って片脚を浮かせる

- ひざを深く曲げると立ち上がりやすい
- テーブルに手を添えて姿勢を安定させる

イスに浅く座り、テーブルに両手を添える。右脚を前に伸ばし、床から浮かせる。左ひざは90度に曲げる。上体は床と垂直にキープする。

2 片脚で立ち上がる

- 両手はテーブルに添えておく
- 上体を前傾させて軸足に体重をかける

左足だけで立ち上がり、片脚だけでゆっくり元に戻る。左右を替えて同様に行う。

NG! イスに深く腰掛けている
深く腰掛けると立ち上がりにくい。

49

ひじシェイクウォーキング

太もも後ろ側を強化。スラリとした美脚に

年齢は、体の後ろ側に出やすいもの。自分では意識できないため、ケアがおろそかになってたるみが出やすいのです。太ももの後ろ側もゆるみやすい部位の一つ。後ろに脚を伸ばして深く沈み込んで、鍛えてください。太ももの後ろ側のハムストリングスが引き締まると、おしりとの境目がはっきりして脚が長くキレイに見えます。

大腿四頭筋

ハムストリングス

レベル ★ ★　　左右交互に各20回×2〜3セット

2
対角のひじとひざを近づける
片足を大股1歩分大きく後ろに引く

後ろに片足を引いてひねる
右足を大股1歩分後ろに引いてしゃがみ、右ひじと左ひざを近づけて体をひねったら、元に戻る。左右を替えて同様に行う。

1
かかとから頭まで床と垂直にする
つま先を平行に揃える

両足を揃えて立つ
両脚を揃えてまっすぐ立ち、両腕を体側で下げる。

難しい人は…
上体をひねらない
難しい場合は上体をひねらないで同様に行う。

50

STEP1 **鍛える！** 大腿四頭筋・ハムストリングス

片脚スクワット

強度高めのスクワットにトライ

　太ももをはじめとする下半身の筋肉をトータルに鍛えてくれるのが「スクワット」。毎日行うことで、足腰を強化し、一生自分の足で元気に歩ける力強い下半身のベースを作ります。そのスクワットをより手軽に、それでいて効果的に行えるようにアレンジしたのがこの種目です。

レベル ★★　　左右各20回×2〜3セット

1

- 上体を前傾させて前脚に体重をかける
- 後ろ足はつま先立ちになる

前脚に体重をかける

右足を大股1歩分後ろに引いて両足を大きく開き、両手を左の太ももで重ねる。上体を前に傾けて左脚に体重をかけ、右のつま先は立てる。

2

- 前脚に体重をかけたままで
- 後ろのひざを床すれすれに近づける

前後のひざを深く曲げる

両足、頭、背中を動かさないで、左足に体重をかけたまま、右ひざが床すれすれになるまでゆっくりしゃがみ、ゆっくり1に戻る。左右を替えて同様に行う。

NG!　上体が起きている　✕

上体が起きて体重が後ろ脚に逃げている。

51

ハイパーバックキック

おしりを持ち上げ、ヒップアップ。脚長効果も

おしりを支える大きな筋肉、大臀筋を後ろに大きくけり上げて垂れ尻をブロック。太ももをしっかり上げて鍛えると、おしりと太ももの境目もくっきりして脚長効果も期待できます。太ももが背中と一直線になるように脚をしっかり上げるのがコツ。続けるうち、ラクに行えるようになります。

大臀筋

レベル ★☆☆　　左右各20回×2〜3セット

2 ひざを曲げたまま後ろにける

左ひざを90度に曲げたまま、足裏で天井を押し上げるように、太ももが背中と一直線になるところまで上げ、ゆっくり元に戻す。左右を替えて同様に行う。

足裏で天井を押し上げるように

腰が反らないように

ひじを肩の真下につく　　ひざを股関節の真下につく

1 よつんばいになる

両ひじと両ひざを床につけてよつんばいになる。ひじは肩、ひざは股関節の真下につき、両ひざを90度曲げる。前腕を平行にし、こぶしを軽く握る。

NG!

太ももが上がっていない
太ももが背中と一直線になるところまで脚をしっかり上げる。

52

STEP1 鍛える！ 大臀筋

ヒップリフト

左右均等に鍛えておしりのバランスを整える

衰えやすいおしりの筋肉は、あお向けの姿勢でも鍛えられます。重力に逆らっておしりを上げる動きなので、うつ伏せで脚を後ろに上げる動きよりも、筋肉にかかる負荷が強くなります。動きのクセや生活習慣でおしりは左右で衰え方が異なります。左右どちらとも行ってみて、やりにくい方を多めにすると左右のバランスが整ってスタイルがよくなります。

大臀筋

レベル ★★☆　　左右各20回×2〜3セット

2 おしりを床から上げる

右ひざから肩までが一直線になるまで、おしりを上げ、ゆっくり戻す。左右を替えて同様に行う。

ひざから肩まで一直線にする

手で床を押さない

1 あお向けで両脚を組む

立てたひざに反対の足首をのせる

両腕を開いて上体を安定させる

床にあお向けになり、右ひざを立てて左の足首をかける。両腕は「ハ」の字に自然に伸ばす。

LEVEL UP!
両腕を上げて行う

床であお向けになり、右ひざを立て、左脚を上げて90度曲げる。両腕を平行にまっすぐ上に伸ばす。右ひざから肩までが一直線になるまで、おしりを上げ、ゆっくり戻す。

NG!

← おしりが上がっていない

おしりが上がり切っていないのでトレーニング効果が落ちる。

壁ヒップリフト

壁を使って刺激するだけで簡単ヒップアップ

下半身には、体重をまっすぐ支えて立ったり、歩いたりするために、力持ちの筋肉が集まっています。なかでもいちばんパワフルなのが、大臀筋。ポテンシャルは大きいので強度を少々上げても大丈夫。壁を使って簡単にヒップアップできるのが、このエクササイズ。やりにくい方を重点的に行い、左右均等にできるまで続けましょう。

大臀筋

レベル ★★　　左右各20回×2〜3セット

1 あお向けで壁に片足をつく

壁際であお向けになり、右足を壁につけて右ひざを90度曲げる。左脚は90度曲げて壁から離して引き寄せる。両腕を体側で「ハ」の字に伸ばす。

→ ひざを90度に曲げてふくらはぎを床と平行に
→ 両腕を開いて上体を安定させる

2 おしりを床から上げる

右ひざから肩までが一直線になるまでおしりを上げ、ゆっくり元に戻る。左右を替えて同様に行う。

→ ひざから肩まで一直線にする
→ 壁を押しながらおしりを上げる

NG!

壁につく足の位置が高すぎたり、低すぎたりすると、おしりが上がりにくい。

足をつく位置が低すぎる ✕

足をつく位置が高すぎる ✕

STEP1 鍛える！ 大臀筋

イスヒップリフト

おしりと同時にもも裏や腰も鍛えられる

このエクササイズは両腕を床から浮かせているため、あお向けやうつ伏せで大臀筋を鍛えるトレーニングよりも大臀筋により多くの体重がかかり、トレーニング効果が上がります。加えて姿勢が崩れないようにするため、腰まわりの体幹の筋肉や太もも裏のハムストリングスも同時に鍛えられて一石二鳥のトレーニング。

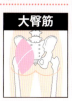
大臀筋

レベル ★★★　　20回×2〜3セット

1 あお向けで両足をイスにのせる

両足をイスの座面にのせてあお向けになり、両脚をまっすぐ伸ばす。両腕は平行に上げる。

両脚がしっかり伸びるように姿勢を調整

両腕を上げるとおしりに効きやすい

2 おしりを床から上げる

かかとから肩までが一直線になるようにおしりを上げ、ゆっくり元に戻る。

両腕は平行に上げたままで行う

かかとから肩まで一直線に

NG!

イスの位置が近すぎる
おしりが上がり切っていないのでトレーニング効果が落ちる。

55

横向きレッグリフト

O脚を防いで脚を長く見せる

　加齢とともに、女性でも両ひざが離れるO脚、いわゆるがに股になりやすくなります。がに股になるのは、両脚の内側にあり、脚を閉じる働きを持っている内転筋群が衰えるのが一因です。日常生活では脚を内側に動かすチャンスが少なく、衰えやすいのです。内転筋群を鍛えるとO脚を防ぎながら、すらりとした長い脚を保つことができます。

内転筋群

レベル ★★　　左右各20回×2〜3セット

1 横向きに寝て片脚を伸ばす

右向きで床に横たわり、右腕を伸ばして頭をのせ、左手を頭の前で床に置く。右脚をまっすぐ伸ばし、左足を右ひざの前につく。

頭を下の腕にのせる
上の脚を前に出す

2 下の脚を床から引き上げる

右脚を伸ばしたまま、床から引き上げて、ゆっくり元に戻す。左右を替えて同様に行う。

体が前後に倒れないようにする
腰から上は固定させて脚だけ動かす

難しい人は…
上の脚を台にのせる
上の脚を高さ10〜20cmほどの台にのせるとやりやすくなる。

体を後ろに倒すと脚は上がりやすいが、効果が落ちる。

体が後ろに倒れている

56

STEP1 鍛える！ 内転筋群

太ももワイパー

脚の重みを使って両脚同時にシェイプ

エイジングによるO脚を防ぐために、太もも内側の内転筋群を鍛えるときには、自らの脚の重み自体をウェイトとして使います。横向きでは、片脚ずつトレーニングしますが、あお向けになれば、両脚を同時にエクササイズできます。動きをゆっくりコントロールしながら、脚の重みをつねに意識してください。

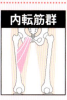
内転筋群

レベル ★★　　20回×2〜3セット

手を添えると筋肉を意識しやすい

左右均等に脚を大きく開く

1 あお向けで両脚を大きく開く

床にあお向けになり、両脚をまっすぐ上に伸ばして左右に開く。両手を太ももの内側に添えて筋肉を意識する。

2 開いた両脚を閉じる

脚の重みを確かに感じながら、両脚をゆっくり閉じたら、ゆっくり元に戻る。

自分の脚の重みが負荷となる

腰から上は動かさない

ARRANGE!
バランスボールをつぶす

バランスボールのトップポジションに乗り、両ひざでボールをはさむ。両ひざを閉じてボールをつぶす。姿勢が崩れる場合は両手でボールを押さえる。

ふくらはぎシェイプ

ふくらはぎのポンプで下半身のむくみを取る

むくみの原因はさまざまですが、ふくらはぎの筋肉の衰えも一因。「足は第二の心臓」といいますが、心臓より下をめぐる血液を重力に逆らって心臓に戻すときに役立つのが、ふくらはぎを中心とする筋肉の伸縮によるポンプ作用。ふくらはぎを鍛えると筋肉ポンプが働いてむくみが取れてスッキリします。下腿三頭筋のなかでもヒラメ筋を中心に鍛えます。

 下腿三頭筋 ヒラメ筋

レベル ★ ☆ ☆ 　 20回×2～3セット

1 イスに浅く座る
イスに浅く座り、両ひざを揃えて90度に曲げて、両手を太ももに置く。上体は床と垂直にする。

- 両手を太ももの上に自然に置く
- 背すじを伸ばして上体を床と垂直にする

2 座ったままでつま先立ちになる
両足のかかとを浮かせてつま先立ちになり、ゆっくり元に戻る。

- 上体が前に倒れないようにする
- かかとをできるだけ高く引き上げる

LEVEL UP!
脚を組んで行う

さらに効き目を上げるやり方。片脚を反対のひざの上にのせて重みをかけて、かかとを引き上げてつま先立ちになり、ゆっくり元に戻る。

STEP1 鍛える！ 下腿三頭筋（腓腹筋・ヒラメ筋）

壁ふくらはぎシェイプ

血のめぐりを促進。血管の詰まりを防ぐ

飛行機などで長時間同じ姿勢をとり続けると血の固まり（血栓）が生じて血管を詰まらせ、命に関わる症状を招くことがあります。血液は常に循環しており、同じ姿勢を続けて血流が滞ると、血液は固まりやすくなります。立ち上がってふくらはぎを動かすトレーニングは、血流を促して、血管の詰まりを防ぎます。下腿三頭筋のなかでも腓腹筋を中心に鍛えます。

 下腿三頭筋 腓腹筋

レベル ★★☆　　左右各20回×2〜3セット

体全体を床と垂直に上下させる

軸足のひざを伸ばしたまま行う

片手を壁に添えて姿勢を安定

頭から軸足のかかとまで床と垂直に

2 かかとを上げてつま先立ちに
ひざを伸ばしたまま、左のかかとを持ち上げてつま先立ちになり、ゆっくり元に戻る。左右を替えて同様に行う。

1 壁際で片脚立ちになる
壁際で横向きに立ち、右手を肩の高さで壁に添えて、右足を左脚にクロスさせて片足立ちになる。

難しい人は…

両足をついて行う
難しい場合には両脚を腰幅に開き、両脚立ちで行う。

NG! × **ひざを屈伸させる**
ひざの屈伸を入れない。ひざは伸ばしたままで行う。

STEP 2 伸ばす！

前ももストレッチ

ひざが曲がった悪い姿勢は太ももストレッチで修正

骨盤が前に傾くと、ひざが曲がりやすくなり、腰が落ちた悪い姿勢に陥りがちになります。前傾した骨盤を放置していると、腰痛を招くこともあります。骨盤が傾いてひざが曲がりやすい人は、太もも前側の大腿四頭筋が硬いケースが少なくありません。ここを心地よくストレッチしておきましょう。

大腿四頭筋

左右各30秒キープ

1 座って片脚を後ろに引く
あぐらをかいて座り、左脚を後ろに引く。

2 ひざを後ろに引く
左のつま先を左手で持ち、かかとをおしりに近づけ、右手を床につける。

かかとをおしりに近づける

3 体をひねる
かかとを持ったひじを後ろに引きながら、体を右側にひねる。左右を替えて同様に行う。

ひじを後ろに引きながら行う

NG! ひざが前に残り、後ろに引けていない。

ひざが引けていない

STEP2 伸ばす！ 大腿四頭筋・ハムストリングス

もも裏ストレッチ

骨盤の歪みを正して腰痛リスクを減らす

骨盤は前傾しすぎても後傾しすぎても、腰痛の原因になります。骨盤と腰椎は連係しており、骨盤の傾きが変わると腰椎のカーブに影響が及び、周囲の筋肉のストレスとなるからです。太もも裏側のハムストリングスが硬いと骨盤が後ろに傾きやすく、腰の負担がふえます。ハムストリングスをストレッチで柔らかくすると骨盤の傾きが整って、腰が軽くなります。

ハムストリングス

左右各30秒キープ

1 あお向けになって上げた片脚を持つ

床であお向けになり、左ひざを曲げて立て、右脚を上げてひざを軽く曲げ、両手を上下にずらして持つ。

片手をふくらはぎ、反対の手で太ももを持つ

ひざを曲げる

2 ひざを伸ばす

右の太ももが床と垂直になるようにひざを軽く伸ばす。ひざは完全に伸ばさずに少し曲げておく。左右を替えて同様に行う。

太ももを床と垂直にする

ひざを軽く伸ばす

難しい人は…タオルを使う

体が硬く、脚を持てない場合はタオルをつま先にかけて同じようにストレッチする。

61

おしりストレッチ

おしりを柔らかくして腰痛を防ぐ

　大臀筋は、脚を後ろに大きく伸ばすときに働いている筋肉。ランニングをしたり、階段を上ったりするときに働きますが、運動不足の生活を送っていると硬くなります。大臀筋がカチコチだと、骨盤が後ろに傾きやすくなって腰痛を招くこととなり、結果、股関節の痛みにもつながります。座ったまま骨盤の後傾を整える手軽なおすすめストレッチ。

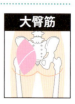
大臀筋

左右各30秒キープ

1

あぐらをかいて座る

左脚を前に出し、あぐらをかいて床に座る。

左脚を前に出しておく

OK!
背すじを伸ばして上体を床と垂直にしておく。

← 背すじが伸びている

○

NG!
背すじを伸ばしたまま上体を起こす。背中を猫背にしない。

← 猫背になっている

×

62

STEP2 伸ばす！ 大臀筋

2 片脚を両手で持ち上げる

左脚を下から両腕で持ち上げる。

上体は床と垂直に保つ

3 ふくらはぎを胸に近づける

ふくらはぎを床と平行にし、背すじを伸ばしながら胸に近づける。左右を替えて同様に行う。

ふくらはぎを床と平行に上げる

難しい人は… 脚を抱えないで行う

座って右脚をまっすぐ伸ばし、両手を後ろについて上体を後ろに傾ける。左の足首を右ひざにのせる。右ひざを立て、左のふくらはぎを胸に近づける。

内ももストレッチ

ひざを守るために内ももをストレッチ！

ひざの痛みの原因はさまざまですが、その一つにあげられるのが、太ももの内側にあり、脚を内側に引き寄せている内転筋群が硬くなっていること。日常生活では、両脚を大きく開く機会があまりないため、内転筋群は硬くなりやすいのです。そこで太ももの内側を心地よく伸ばすストレッチが有効。太ももの柔軟性を取り戻してひざの負担をへらしましょう。

内転筋群

左右各30秒キープ

難しい人は…
イスに片脚をのせる
体が硬い人は、真横に離して置いたイスに片脚を伸ばしてかかとをのせるだけでもストレッチになる。

1 片脚を横に伸ばして座る
床に座り、左脚を開いて横に伸ばし、右脚を曲げる。上体をまっすぐにして両手を太ももに置く。

- 背すじを伸ばして胸を張る
- 片脚を開いて横に伸ばす

2 上体を前に倒す
両手を前の床につき、上体を軽く前に倒す。左右を替えて同様に行う。

- 両手を前の床について体を支える
- 伸ばした脚の太ももの内側が伸びている

OK! 背すじを伸ばしたまま上体を倒すのが効果的。
- 背すじが伸びている ○

NG! 猫背になると内ももが伸ばしにくい。
- 猫背になっている ×

64

STEP2 伸ばす！ 内転筋群・腓腹筋

ふくらはぎストレッチ1

ふくらはぎの柔軟性不足からくるむくみをリセット

下半身の筋肉には血液をめぐらせるポンプ作用があり、衰えるとむくみに直結します。筋肉ポンプの主役はふくらはぎの下腿三頭筋。むくみの主因はその衰えですが、柔軟性が低下して動ける範囲が狭くなると、やはりポンプ作用はダウン。下腿三頭筋は表層の腓腹筋と深層のヒラメ筋からなり、ていねいに別々に伸ばすとむくみが解消します。

腓腹筋

左右各30秒キープ

2 足の位置を変えずに壁を押す
両手を壁について押しながら、右脚のひざをさらに曲げ、左脚のふくらはぎを伸ばす。左右を替えて同様に行う。

前脚のひざを軽く曲げる
ひざをしっかり伸ばす
後ろ足のかかとを床から離さない

1 壁に両手をついて立つ
壁から半歩離れて立ち、左脚を大股1歩分後ろに引く。両腕を肩幅で床と平行に伸ばす。

片脚を後ろに大きく引く

NG! かかとが浮いている
後ろ脚のひざが曲がったり、かかとが浮いたりすると、ふくらはぎが伸びない。

LEVEL UP!
壁を使わないで行う
腰幅で立った状態から、両手を前の床についておしりを高く上げ、片脚立ちになって軸足のふくらはぎを伸ばす。かかとをしっかり床につけ、ひざを伸ばす。

ふくらはぎストレッチ2
こむら返り予防にふくらはぎを伸ばす

寝ている間に突然こむら返りに襲われて飛び起きた経験はありませんか？ こむら返りは、ふくらはぎの下腿三頭筋のけいれんで起こります。けいれんが発生する要因はさまざまですが、その一つに挙げられるのは、ふくらはぎの筋肉の緊張です。ストレッチをしてふくらはぎの柔軟性を上げると、こむら返りに悩まされるリスクも下がることでしょう。

ヒラメ筋

左右各30秒キープ

1 正座をする
床で正座をする。両手を床に触れる。

2 片ひざを立てる
左ひざを立てる。
立てた脚のかかとを床につける

3 胸でひざを前に押す
両手を前につき、胸で左ひざを前に押しながら、上体を前傾させて左のふくらはぎの下あたりをストレッチする。左右を替えて同様に行う。
胸でひざを押して体重をかける
立てた脚のかかとを床から離さない

難しい人は…
立ったまま段差を使って行う

10cm程度の段差を用意し、片足のつま先をかけ、全身を軽く前傾させてふくらはぎをストレッチする。

NG! かかとが浮いている
立てた脚のかかとをつけたままで行う。

STEP2　伸ばす！　前脛骨筋・ヒラメ筋

すねストレッチ

すねを正しくケア。思わぬつまずきを避ける

ちょっとした段差でつまずいて転びそうになり、ヒヤッとすることがあります。その原因の一つは、すねにある前脛骨筋の柔軟性が落ち、筋力も下がってつま先が上がらないこと。前脛骨筋は床に座った姿勢でも、イスに座ったままでもストレッチできますから、ふだんから柔かく伸ばしておきましょう。

前脛骨筋

左右各30秒キープ

1 正座をする
床で正座をする。両手は太ももに添える。

2 両手でひざを引き上げる
左ひざの下に両手を回し、左足の甲を床につけたまま、左ひざを引き上げて、すねの前側をストレッチする。左右を替えて同様に行う。

左右のおしりを足にのせておく

足の甲を床につけたまま行う

難しい人は…
イスに座ったままで行う

正座が難しい場合にはイスに座ったままでも行える。座面の端におしりの片側だけをのせて座り、反対側の脚を後ろに引いて足の甲を床につけ、足首を床に押しつけるようにしてストレッチする。

NG!
片側の脚だけにおしりをのせて無理に高く引き上げようとしない。

おしりが浮いている

足裏ストレッチ

土ふまずのアーチで着地のショックを緩和

地面と直に接しているのは、足裏。足裏には、足底筋群と足底筋膜という薄い膜があり、土ふまずのアーチを作って立ったり、歩いたりするときの衝撃を受け止めたりします。1歩ごとに着地衝撃が走るランナーが痛めやすい部位ですが、40代以降になると使いすぎで痛みが出ることもあります。痛みが出ないうちにストレッチでケアしておきましょう。

足底筋群

30秒キープ

1 正座をする

床で正座をする。両手は太ももに添える。

おしりにかかとをのせる

2 つま先立ちで体重をかける

つま先立ちになり、おしりをかかとにのせたまま体重をかけて、足裏をストレッチする。

上体は床と垂直に保っておく

難しい人は…
上体を前傾させる

痛い人は上体を前傾させて、太ももについた両手に体重を分散させて負荷を調整する。

ARRANGE!

イスに座って行う

イスに座り、片足を座面に乗せる。かかとを座面につけたまま、つま先を両手で持って引き寄せ、足裏を伸ばす。

PART3

疲れが取れる！肩甲骨トレーニング

前傾姿勢が習慣的になると、
猫背になって左右の肩甲骨が離れ、
肩甲骨の周囲の筋肉が硬くこわばり、
スムーズに動かせなくなってしまいます。
背中にくっきりと浮き上がる美しい肩甲骨に
整えるトレーニングで
疲れが解消するとともに、
外見年齢が劇的に若返ります。

ココに効かせる！ 肩甲骨

硬くなった肩甲骨をリリース！姿勢がよくなり若々しい外見に

股関節と下半身を改善したら、肩甲骨もケアしましょう。
全身のバランスが整い、スタイルアップ！

肩甲骨が見た目年齢を決めている？

脚の付け根が股関節なら、腕の付け根は肩甲骨。逆三角形をした平らな骨で背骨の両側に一つずつあり、両腕の動きをコントロールします。肩甲骨は、股間節と同じく、球関節の一種。肩甲骨の両側にある凹みに、上腕の骨の丸みを帯びた先端が入り込んでいます。

全身の骨と骨は関節を介して連なっていますが、肩甲骨ではちょっとばかり事情が異なります。肩甲骨を体に唯一つなぎ留めているのは、鎖骨。背中側では、肩甲骨は、ほかの骨とはまったく接していないのです。関節の代わりに肩甲骨を支持し、安定させたり、動かしたりしているのは、筋肉。具体的には僧帽筋、菱形筋、広背筋といった筋肉です。

肩甲骨は全部で6パターンの動きができるように設計されています。背骨から離れる外転と近づく内転、真上に上がる挙上と真下に下がる下制、下の角が外側と上方へ同時に上がる上方回旋、下の角が内側と下方へ同時に下がる下方回旋の6つです。

これだけ多彩な動きをする肩甲骨には、たくさんの筋肉がついていますが、デスクワークやスマホの操作などで前屈みになる時間が長くなると、肩甲骨は背骨から離れる外転ポジションで固まりがち。左右の肩甲骨が離れ、背中が丸まり、いわゆる猫背の姿勢になり、特定の筋肉が緊張を強いられることで肩こりや背中の張りの引き金になります。肩や背中の張りは血行不良を招き、肩こりの一因になります。

現代人の肩甲骨はとにかく動きが悪くなっているので、まずは動きをよくするために動的ストレッチを行います。それから僧帽筋などの筋トレを行い、仕上げに前傾姿勢で肩甲骨の動きを邪魔している胸の大胸筋などのストレッチを。猫背が改善して、見た目年齢もぐんと若返ります。

肩甲骨がくっきり浮き出た背中美人を目指しましょう。

肩甲骨の構造

肩甲骨は背中側にあり、体の正面で鎖骨と肩鎖関節を作っているほかは、多くの筋肉によって支えられている。外側にある凹みに上腕の骨（上腕骨）の丸みを帯びた先端（上腕骨頭）が入り、肩関節を作る。

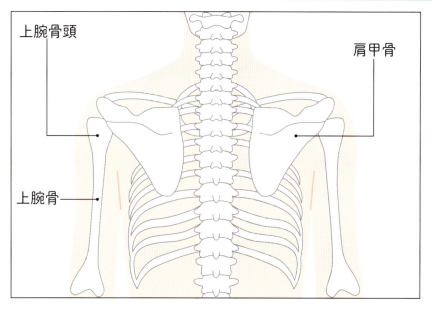

イメージ図

エクササイズする筋肉

三角筋
両肩を肩パッドのように覆う筋肉。肩甲骨と鎖骨から始まり、腕の骨（上腕骨）に付く。肩の動きに関わり、ここが硬くなると肩甲骨の機能がダウン。肩こりが生じやすくなる。

菱形筋
僧帽筋の下にあり、肩甲骨を寄せたり、内側と下方へ回したりする働きがある。猫背だと固まりやすい筋肉の一つ。背骨（頸椎、胸椎）から肩甲骨の内側のへりに向かってのびる。

僧帽筋
背中の上半分を占め、こりが起こりやすい筋肉。上部、中部、下部に分けられて、いずれも肩甲骨を動かす。背骨（頸椎、胸椎）と頭蓋骨の後ろから、肩甲骨と鎖骨へ広がる。

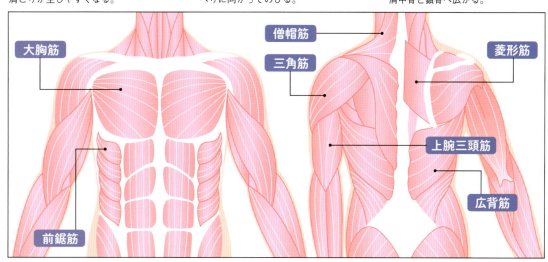

前鋸筋
肩甲骨を背骨から離す働きがある。デスクワークなどで前傾姿勢を続けると、前鋸筋は血行不良を起こしてしまう。ろっ骨の外側から、肩甲骨の内側のへりに向かって走っている。

大胸筋
胸の形を作る。肩の動きに関わり、猫背で両肩が前に出ると縮みっぱなしで硬くなりやすい。胸の中央部（ろっ骨、胸骨）と鎖骨から、扇形を描くように腕の骨（上腕骨）へ広がる。

上腕三頭筋
加齢とともに皮下脂肪がつきやすくなる上腕の後ろ側にある筋肉。ひじと肩を伸ばす働きを持っている。腕の骨（上腕骨）の後ろと肩甲骨から始まり、ひじの後ろまでのびている。

広背筋
背中の下半分をカバーしている大きな筋肉。肩を自在に動かして、腕の動きをコントロールしている。骨盤、背骨（胸椎、腰椎）、ろっ骨から、腕の骨（上腕骨）に向かって広がる。

ひじ回し

肩甲骨の動きをよくし、張りやこりを軽くする

肩甲骨が動きにくくなると、背中の張りや肩こりを招きます。肩甲骨を動的ストレッチでどんどん動かすと、血流が促されて肩甲骨についている筋肉がゆるみやすくなり、つらい背中の張りや肩こりが軽くなることが多いのです。5種類の動的ストレッチを用意しました。まずはひじ回しからトライしてみてください。

肩甲骨

前後回し各20回×2〜3セット

STEP 1 動かす！

肩甲骨を上げる

両手を肩から離さない

ひじ以外は動かさない

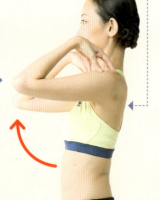

2 ひじを正面に向ける
ひじの先についた懐中電灯で真正面を照らすように、ひじを正面に向ける。

1 両手を肩につける
両足を腰幅に開いてまっすぐ立ち、両手を肩につける。

STEP1 動かす！ 肩甲骨

肩甲骨を寄せる

両手を肩から離さない

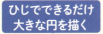
ひじでできるだけ大きな円を描く

肩甲骨を上げる

 4
ひじを回す
ひじを真横に向けたら **1** に戻る。2回目からはひじで大きな円を描くように連続してリズミカルに回す。逆回しも同様に行う。

 3
ひじを真上に向ける
ひじの先についた懐中電灯で天井を照らすように、ひじを真上に向ける。

肩甲骨回し

背中と肩まわりのもたつきがスッキリ

次の動的ストレッチは、より肩甲骨の動きに注意を向けて行います。背中側にある肩甲骨の動きはなかなか自覚しにくいのですが、腕の動きと連係しているので、腕と肩甲骨の動きのリズムを意識すると、肩甲骨はより動きやすくなります。続けるうち、ぎこちなかった肩甲骨の動きもスムーズに動くようになり、血行がよくなって背中と肩まわりがスッキリします。

肩甲骨

20回×2〜3セット

2 両手を真上に伸ばす

手のひらを合わせたまま、両腕を頭上に上げながら肩甲骨も上げる。

肩甲骨を上げる

1 両手を下に伸ばす

両足を腰幅に開いて立ち、両手を下に伸ばし、肩甲骨を下げ、手のひらを合わせる。

肩甲骨を下げる

体の真下に手を伸ばす

STEP1 動かす！ 肩甲骨

4 ひじを下げる

肩甲骨を寄せながらひじを曲げたら、1に戻る。2回目からは連続してスムーズに行う。

- 手のひらを外に向けたままで
- 肩甲骨を寄せる
- 体の後ろでひじを下げる

3 手のひらを返す

手の甲を合わせるように、手のひらを外側へ向ける。

- 両腕を内側に回して手の甲を合わせる

NG！ 手のひらを返していない

手のひらを内側に向けたままだと肩甲骨が動きにくい。

75

よつんばいでひじ回し

水泳の動きで肩のこりを取り去る

水泳選手たちには肩こりが少ないといわれています。腕全体で水をキャッチして押し出すために、水中でひじを大きく回して肩と肩甲骨をいつも動かしているからです。そこで次の動的ストレッチは、水泳のストロークにヒントを得ました。よつんばいになり、背泳ぎをやっているつもりで、ひじをダイナミックに動かしてみてください。

肩甲骨

左右各20回×2〜3セット

1 よつんばいになる

両手、両ひざを床についてよつんばいになる。手は肩、ひざは股関節の真下につく。右手の下に5センチくらいの厚みのものを置く。

段差を作ると反対の腕が動かしやすくなる

2 ひじを前に伸ばす

水泳で前の水をつかむようなイメージで、左ひじを前に伸ばす。

ひじは伸ばしたまま

STEP1 動かす！ 肩甲骨

3 ひじを横に回す

水泳で水をかいて引き寄せるようなイメージで、左ひじを横に回す。

肩甲骨を寄せる
ひじは高く上げたままで

肩甲骨を下げる
ひじは高く上げたままで

4 ひじを後ろに回す

水泳で水を後ろへ押し出すようなイメージで、左ひじを後ろから前に回す。

5 肩の真下にひじを戻す

左手を戻して床から浮かせる。2回目からは、ひじで大きな円を描くようにスムーズに連続させて回す。左右を替えて同様に行う。

手を床につけない

 OK!

段差を利用する
反対側に段差を作ることで、肩甲骨が外に開いて動ける範囲が広がる。

NG!

段差がない
段差がないと肩甲骨が外に開きにくいため、動ける範囲が狭くなる。

ひじ引き

ひじを後ろに引いて猫背を防ぐ

肩甲骨につく多くの筋肉のなかでも、とくに動かしたいのが、菱形筋。肩甲骨と背骨の間にある筋肉ですが、現代人はデスクワークなどで前屈みになっている時間が圧倒的に長く、肩甲骨が背骨から離れて菱形筋が緊張しているケースが多いからです。この動的ストレッチは菱形筋を心地よく動かしてくれます。猫背の予防にも有効です。

肩甲骨

20回×2〜3セット

肩甲骨をしっかり寄せる

手のひらを下に向ける

背中の後ろまで確実に引く

2 ひじを後ろに引く
腕を外側に回しながら、ひじを背中の後ろに引く。肩甲骨をしっかり寄せたり開いたりするのをスムーズにくり返す。

1 両腕を前に伸ばす
両足を腰幅に開いてまっすぐ立ち、両腕を肩幅で前に伸ばし、手のひらを下に向ける。

OK! 肩が上がる

肩甲骨が正しく動いていると菱形筋の働きで自然に肩が上がる。

NG! 肩が上がらない

菱形筋が使えていないと、肩が上がらず効き目が落ちる。

STEP1 動かす！ 肩甲骨

首の曲げ伸ばし
首の張りやこりを簡単な動きで和らげる

肩甲骨の動きをよくするには、頸椎との連動をよくすることも大切。日常生活で首の曲げ伸ばしをくり返し行うことは少なく、首まわりの筋肉は血行が悪くなり、硬くなりやすくなります。首と肩甲骨を動かして背中や首のこりを軽減させましょう。

肩甲骨

20回×2〜3セット

2 肩甲骨を寄せながら首を反らす
あごを上げて上を向き、首（頸椎）を反らしながら肩甲骨を寄せる。

- 首の後ろが詰まらない程度にあごを上げる
- ひじを引く
- 肩甲骨を寄せる
- 両手は添えるだけで組まない

1 両手を後頭部に添える
両足を腰幅に開いてまっすぐ立ち、両手を耳の後ろで頭に添える。

3 あごを引いて首を曲げる
あごを引いて下を向いて、首（頸椎）を曲げる。スムーズに連続してくり返す。

- 首から下は固定しておく
- 手の力で無理に押し下げない

NG! 両手を組んでいる

手を頭の後ろにつけることで頸椎と肩甲骨が連動して動くが、両手を組んで無理に首を曲げると首を痛める恐れがある。

STEP 2 鍛える！

ペットボトル引き上げ

前屈み姿勢をリセット。背中の不快感を取る

猫背解消のために鍛えたいのは、菱形筋。肩甲骨を背骨に近づける筋肉です。菱形筋を強化すると背すじが伸びた正しい姿勢が取れるようになり、背中の不快感も軽くなります。500mlのペットボトルを2本用意し、水を入れてダンベルを作ります。これを使って手軽に効率よく背中の筋肉を鍛えましょう。

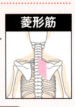
菱形筋

レベル ★☆☆　　20回×2〜3セット

2 ペットボトルを引き上げる

肩甲骨を寄せながら行う

上体の前傾をキープする

腕を外側に回しながら、ひじを曲げてペットボトルをわき腹まで引き上げ、ゆっくり元に戻す。

1 ペットボトルを下げる

肩甲骨を広げる

ひじを伸ばしておく

両手にペットボトルを持って腰幅で立つ。ひざを軽く曲げ、股関節から上体を軽く前に傾けて、ひじを伸ばして肩の真下にペットボトルを下げる。

 OK!
 ○
ひじを閉じて左右の肩甲骨を寄せる。

ひじが閉じている

 NG!
× 上体を前傾させないと肩甲骨に負荷がかからず、単なる腕の運動になる。

上体が起きている

80

STEP2 鍛える！ 菱形筋

肩甲骨寄せ

肩甲骨を動かして猫背にサヨナラ

菱形筋は鉄棒にぶら下がって行う懸垂のような動きで強化されますが、懸垂のような運動をする機会はそうそうありません。ですから、日常生活で菱形筋が活躍するシーンは少なく、それだけ衰えやすいといえます。わざわざ懸垂をしなくても、座って肩甲骨を動かすこのエクササイズでもきちんと鍛えられます。菱形筋を強化して猫背もスッキリ。

菱形筋

レベル ★★　　20回×2〜3セット

肩を引きながら肩甲骨を寄せる

肩甲骨だけを動かし、ほかの部分は動かさない

上体を後ろに傾けて両手に体重をかける

肩を内側に入れて肩甲骨を広げる

2 おしりを持ち上げる
肩甲骨を寄せながらおしりを軽く持ち上げたら、ゆっくり元に戻る。

1 ひざを立てて床に座る
床に座り、両ひざを腰幅に開いて立て、両手をおしりの後ろについて指先を前に向ける。肩を少し内側に入れて肩甲骨を広げる。

NG! 肩甲骨が動かない
指先が後ろを向き、ひじが開いていると肩甲骨を寄せにくい。

イスペットボトル引き上げ

ペットボトルを使って背中の張りとこりを取る

肩甲骨を自在に動かすために大事な筋肉が、僧帽筋。首すじから両肩まで広がり、背中の上半分をすっぽりカバーしています。僧帽筋には頭や両腕の重みがかかっていますが、僧帽筋が弱くなっているとその重みに耐えられなくなり、背中の張りやこりの症状が出てきます。ペットボトルを重りにして鍛えると、張りやこりを解消しやすくなります。

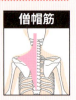

僧帽筋

レベル ★　　**20回×2〜3セット**

2 肩甲骨を寄せる / ひじを開きながら曲げる

1 肩甲骨を広げる / ひじを伸ばす

上体を起こしながらボトルを引き寄せる
上体を起こして肩甲骨を寄せながら、ひじを曲げて左右に開いてペットボトルをわき腹まで引き上げて、ゆっくり元に戻す。

前傾してペットボトルを両手に下げる
イスに浅く座り、両手にペットボトルを持つ。上体を深く前傾させて、ひじを伸ばしてペットボトルを肩の真下に下げる。

ひじを開いて左右の肩甲骨を寄せる。

ひじが開いている　○

ひじが閉じていると狙った筋肉に効きにくい。

ひじが閉じている　×

STEP2 鍛える！ 僧帽筋

ペットボトル開き閉じ

姿勢のアンチエイジング。見た目年齢を若返らせる

背中が丸まる一因は僧帽筋の衰えですから、意識してトレーニングで強化すると、背すじがスッキリ伸びて見た目年齢がぐんと若返ります。そこで、肩甲骨を広げたり寄せたりするエクササイズが有効。僧帽筋は上半身でもいちばん強力な筋肉ですから、しっかり鍛えましょう。

僧帽筋

レベル ★★☆　　20回×2〜3セット

2 ペットボトルを引き上げる

- 肩甲骨を寄せる
- 上腕が床と平行になるまで上げる
- 上体は動かさない

上体を動かさず、軽く曲げたひじの角度を固定したまま、上腕が床と平行になるまで、弧を描くようにペットボトルを引き上げ、ゆっくり元に戻す。

1 前傾してペットボトルを両手に下げる

- 肩甲骨を広げる
- ボトルは太ももの真下に下げる

イスに浅く座り、両手にペットボトルを持つ。上体を深く前傾させて、ひじを伸ばしてペットボトルを太ももの真下に下げる。

NG! ひじが伸びきっている

ひじが伸びきると肩への負担が大きくなってしまう。

ペットボトル押し上げ

ろっ骨と肩甲骨をつなぐ筋肉を鍛えて腕をラクに

肩甲骨は多くの筋肉によって支えられています。その一つが前鋸筋。わきの下あたりからろっ骨の左右にあり、まるでノコギリの歯のようにろっ骨についていることから「前鋸筋」と呼ばれています。前鋸筋はろっ骨と肩甲骨をつないでいる筋肉。腕を前に押し出す動きに関わりますから、ちょっと大きめのペットボトルで重みを加えると簡単に鍛えらえます。

前鋸筋

レベル ★　　左右各20回×2〜3セット

1 あお向けで片手にペットボトルを持つ

1.5〜2.0ℓのペットボトルを右手で持って床にあお向けになり、両ひざを揃えて立てる。右腕を床と垂直に上げ、左手をおなかにのせる。

- 肩の真上にボトルを上げる
- 両ひざを立てて下半身を安定させる
- 腕は床と垂直に動かす

2 ボトルを真上に押し上げる

肩甲骨を開いてペットボトルを天井に向かってさらに高く上げたら、元に戻る。左右を替えて同様に行う。肩が浮かないとトレーニング効果がない。

- 肩を床からしっかり浮かせる
- 肩甲骨を離す

OK! 腕を垂直に保つ
腕を床と垂直にまっすぐ伸ばして行う。

NG! 腕がズレている
腕が内側や外側にズレたりしないようにする。

STEP2 鍛える！ 前鋸筋

ひじで押し上げ
肩甲骨を正しいポジションに収める

前鋸筋は、野球などでボールを投げるときのように、肩甲骨を外側へ開いたり、上方へ回したりするときに働いています。加齢などでここが衰えてくると、腕を上げるときに肩甲骨が後ろに突き出る「翼状肩甲骨」が起こりやすくなります。横向きになり、自分の体重で負荷をかけると、トレーニングの強度が上がります。左右均等に鍛えておきましょう。

前鋸筋

レベル ★★　　左右各20回×2〜3セット

1 ひじをついて横向きになる
右向きで床で横になり、右ひじを肩の真下につく。両ひざを揃えて曲げる。左手は体側に自然に添える。

下の肩甲骨を寄せる

ひじを床に強く押し付ける

下の肩甲骨を背骨から離す

NG！ 腰を起こしてブリッジする必要はない。

2 ひじで床を押して起きる
ひじで床を押して上体を起こし、ゆっくり元に戻る。左右を替えて同様に行う。

OK！
ひじを肩の真下でつく
肩の真下だと床を押しやすく、肩甲骨が動きやすい。

NG！
ひじが肩の真下にない
肩の真下からズレると床を押しにくく、肩甲骨が動きにくい。

STEP 3 伸ばす！

肩こりストレッチ1
肩こりの総本山にアプローチしよう

肩こりで、もっともこりやすい筋肉は何といっても僧帽筋です。ストレッチで僧帽筋を柔らかくすると、肩こりはかなり軽くなります。ポイントは、上部、中部、下部と3つにエリアに分けて行うこと。僧帽筋は背中の上半分を占める大きな筋肉なので、1種類だけだと伸びにくいのです。まずは肩甲骨を引き上げる上部のストレッチを行います。

僧帽筋（上部）

30秒キープ×2〜3セット

2 頭を前に倒す
両ひじを閉じ、両腕の重みで頭を前に倒し、背中を丸めてストレッチ。

- 力任せに倒さない
- 胸から下は丸めない

1 イスに座って両手を頭で重ねる
脚を開いてイスに浅く座り、上体をまっすぐに保つ。両手を頭上で重ねる。

- 両手を重ねて置く
- 上体を床と垂直にする

ARRANGE!
片側ずつ行う
片手を頭上にのせ、反対の手は後ろに伸ばして背もたれをつかむ。頭を斜め下へ下ろし、片側ずつストレッチする。

OK! 両手を重ねてひじを閉じる
こうすると僧帽筋の線維方向に沿って力がかかり、ストレッチしやすい。

NG! 両手を組んでひじが開く
この姿勢では力が分散して僧帽筋が伸ばしにくい。

STEP3 伸ばす！ 僧帽筋

肩こりストレッチ2
いちばんこりやすい部位を伸ばしてリリースする

次は僧帽筋の中部をストレッチします。中部は肩甲骨を上げたり、内側に寄せたり、上方へ回したりする働きを担っており、僧帽筋の中でもいちばんボリュームがあり、それだけこりやすい部位なのです。イスに座ったままで行えるストレッチは、デスクワーク中のブレイクタイムでも手軽に行えます。

僧帽筋（中部）

30秒キープ×2〜3セット

1 イスに座って手のひらを合わせる

イスに浅く座り、両脚を開く。上体をまっすぐに保ち、両手を斜め下に伸ばしてクロスさせて、手のひらを合わせる。

- 手のひらをクロスさせて合わせる
- 間に腕が入るように両脚を開く

2 手のひらを床に伸ばす

両手を床に突き刺すように、腕の重みを使って背中を丸めてストレッチ。

- 背中を丸めて左右の肩甲骨を背骨から離す
- 両手を床に突き刺すように行う

ARRANGE!
床に座って行う

床にあぐらを組んで座り、両腕を組んで床と平行に伸ばす。両腕で大きなボールを抱えるようにひじを曲げ、背中を丸めて肩甲骨を開く。

OK! 両手をクロスさせると肩甲骨が外へ開きやすくなる。

両手をクロスさせて手のひらを合わせる

NG! クロスさせないと肩甲骨が外に開きにくい。

両手をクロスさせていない

肩こりストレッチ3

タオルを使って肩の動きをスムーズに

僧帽筋の下部には、肩甲骨を下に下げたり、内側に寄せたり、上方へ回したりする働きがあります。このストレッチでは、背中の下半分を占めている広背筋も一緒にストレッチされます。広背筋は、肩甲骨と連動している肩関節を動かす筋肉。広背筋の柔軟性が上がると肩の動きがよくなり、肩甲骨も働きやすくなります。

 僧帽筋（下部） 広背筋

 左右各30秒キープ×2〜3セット

難しい人は… 立って行う

座った方が伸びやすいが、正座ができない場合は立位でも同様に行える。

1 床に座ってタオルを持つ

正座をしてから、おしりを左側の床に下ろす。両腕を肩幅より広めに開いてタオルを持ち、両手をまっすぐ上げる。

 両腕は肩幅よりも広めに開く

 正座を崩すと筋肉が伸びやすい

2 上体をひねりながら倒す

タオルを左右に引っ張りながら、右前方へ少しひねりながら上体を倒す。左右を替えて同様に行う。

両腕の三角形をキープする

 ひねりながら上体を倒す

 OK!

斜め前に上体を倒す
少し前側へ倒すことで2つの筋肉が同時にストレッチできる。

NG!

真横に上体を倒す
真横に倒すと筋肉が伸びにくい。

88

STEP3 伸ばす！ 僧帽筋・広背筋・大胸筋

胸ストレッチ

猫背を予防・軽減させる

猫背になって肩が前に出ていると、胸にある大胸筋は縮みっ放しになり、緊張が強くなります。せっかく肩を引いて肩甲骨を寄せる菱形筋（→ P.71）を鍛えたとしても、大胸筋を硬いままにしておくと、肩を引いて肩甲骨を寄せるのが難しくなります。大胸筋の柔軟性がアップすると猫背が解消しやすくなります。

大胸筋

左右各30秒キープ

1 よつんばいになり、イスで体を支える

よつんばいになり、左側に置いたイスの座面に肩の延長線上で左腕を伸ばす。右手は肩の真下につく。

- 肩の真下に片手をつく
- 胸から背中まで床と平行にする

2 胸を床に近づける

右ひじから先を床につけ、床に胸を近づけてストレッチする。左右を替えて同様に行う。

- 腰は高く保っておく
- ひじから先を床につける

OK! ○
腰を引かない
ひざの上の位置に股関節を保ち、腰を引かない。

NG! ×
腰を引いておしりをかかとにつけて座ると、胸が伸びにくい。
腰が落ちて引けている

二の腕ストレッチ

腕の後ろを伸ばして、肩こりを予防する

上腕には、前側にあってひじを曲げて力こぶを作る上腕二頭筋と、後ろ側にあってひじを伸ばす上腕三頭筋という2つの大きな筋肉があります。二頭筋の方が意識しやすいのですが、実は三頭筋の方が大きくてパワフルな筋肉です。ここの柔軟性がなくなると肩甲骨の動きの制限につながりやすくなります。

上腕三頭筋

左右各30秒キープ×2〜3セット

ARRANGE! 立って行う

両足を腰幅に開いて立つ。片ひじを頭の後ろに上げて、反対の手でひじを押さえる。ひじを肩甲骨の間に近づけて、上腕の後ろ側をストレッチする。

1 床に正座して片ひじを上げる

イスの座面に向かって半歩離れて正座し、左ひじを曲げて上腕を床と平行にし、左肩に指先をつける。

- ひじを曲げて指先を肩につける
- 反対側の手は太ももに乗せる

2 片ひじを座面にのせる

左ひじを座面にのせ、右手を床について上体の重みをかけ、上腕の後ろ側をストレッチする。

- ひじを支点に上体の重みをかける
- 指先を肩につけたままで

3 頭を下げる

右ひじから先を床につけ、頭を座面よりも低く下げて、さらに上体の重みをかけるとより効果的。左右を替えて同様に行う。

- ひじを座面につけたままで
- ひじから先を床につける

STEP3 伸ばす！ 上腕三頭筋・三角筋

肩ストレッチ

肩パッドのような筋肉を伸ばして肩こり予防

両腕を広げたり、上げたりするときに働くのが三角筋。肩パッドのように両肩を覆っています。三角筋が硬くなると、肩甲骨の動きが悪くなり、肩こりや肩の張りを招きます。心地よく伸ばしておきましょう。

三角筋

左右各30秒キープ×2〜3セット

1 お祈りをするように両腕を伸ばす

両ひざを床につき、お祈りをするように両腕をまっすぐ前に伸ばし、おしりを少し浮かせる。

「おしりを少し浮かせる」

2 肩をひねって片手を真横に伸ばす

左肩を内側に入れておしりを後ろに引きながら、左手のひらを上に向け、床にすべらせて右方向へ伸ばし、左肩を床に近づけ、左肩の後ろをストレッチ。左右を替えて同様に行う。

「おしりを少し後ろに引きながら行う」

「左手のひらのみを上に向けたまま遠くへすべらせる」

ARRANGE! 立って行う

腰幅で立ち、片腕のひじの外側に反対の前腕の内側をかける。肩を上げないで、ひじを胸に向かって引いて肩をストレッチする。

OK! 肩が内側に入っている
肩を内側に入れて腕を遠くに伸ばすと肩が伸びやすい。

NG! 肩が内側に入らない
肩が内側に入らないとストレッチ感が得られない。

忙しくてなかなかトレーニングができない人でも、無理なく続けられるプログラムを紹介します。効率よく股関節と肩甲骨を鍛えられますから、まず1カ月、続けてみましょう。必ず体の変化が実感できるはずです。その後はさらにエクササイズの回数・種類をふやしていき、1年を目標に継続してください。全身がバランスよく鍛えられ、「運動せずにはいられない体」へと生まれ変わります。

もっとイキイキ！
《下半身集中プログラム》

股関節のベースが整ったら、次のステップとして下半身を強化していくプログラムを取り入れると、さらにレベルアップできます。ヒップアップやむくみ対策にも有効です。足腰をトータルにエクササイズすることで、代謝を促し、太りにくくやせやすい体質へと変化していくはずです。さらに肩甲骨のエクササイズを組み合わせることで、こりや疲れも解消できます。自在にカスタマイズしてください。

おわりに

一生若々しくあるために

数年前、私が40歳になったとき、不思議な感覚がしたのを覚えています。

「いままでの自分とは何も変わっていないのに、ついに40代の大台に乗ってしまった」。

これが素直な感想です。もちろん、外見や経験値、社会性は20代にくらべれば20年分、成熟しているはずですが、疲れやすさや体力の衰えを感じることはありませんでした。

フィジカル面では昨日までの自分と何ら変わりはないのに、「40代」という肩書きだけが勝手についてしまった──。その落胆とともに私の心に芽生えたのが、「50歳、60歳、70歳になっても同じ感覚でいたい！」という強い信念でした。

40年後、日本人の平均寿命は100歳にもなるといわれています。世の中はどんどん便利になり、意識して体を動かし続けなければ、体力は間違いなく衰えていく一方でしょう。どんなに便利になっても、筋肉量は自分で運動をしてふやしていくしかないのです。

運動習慣を身につければ、10年後、20年後、30年後もいまの自分とそれほど変わらない体力を維持していくことが可能です。人間の体とは、運動を続ければ、必ず応えてくれるようにできているのです。運動習慣をスタートさせるには、若いころの肉体の記憶が残っている40代が分岐点といえるでしょう。

いまこそ、一生続けられるトレーニングをはじめてください。

この原稿を書き終えたら、いつもどおり10キロのランニングに出かけます。昨日、先月、1年前、5年前、10年前とまったく同じペースで走れていれば、体力はまだ衰えていないということです。それを続けていけば、一生若々しい体をキープすることができるのです。

運動習慣のなかった人が、本書をきっかけに筋肉量をふやして体を目覚めさせ、躍動感のある体を手に入れ、充実した毎日を過ごしていただけることを願ってやみません。

中野ジェームズ修一

中野ジェームズ修一　（なかの・じぇーむず・しゅういち）

1971年生まれ。フィジカルトレーナー、フィットネスモチベーター。アメリカスポーツ医学会認定運動生理学士。有限会社スポーツモチベーション最高技術責任者。卓球の福原愛選手、テニスのクルム伊達公子選手ら多くのトップアスリートのパーソナルトレーナーを歴任。必ず結果を出すトレーナーとして絶大な信頼を得る。2014年より青山学院大学駅伝チームのフィジカル強化指導を担当。会員制パーソナルトレーニングジム「CLUB100」を主宰するほか、エクササイズ関連の自著は50冊を超え、運動することの大切さを一般に広める活動にも精力的に取り組んでいる。

有限会社スポーツモチベーション
http://www.sport-motivation.com/

撮影	岡田ナツ子
デザイン	舛沢正子
イラスト	湯沢知子
編集協力	井上健二
ヘアメイク	Kyong hee
モデル	山本美紀（オスカープロモーション）
編集	三宅礼子
校正	株式会社円水社
協力	森本浩之・古谷有騎（スポーツモチベーション）

衣装協力
アディダス ジャパン株式会社
☎0570-033-033（アディダスグループお客様窓口）

40歳からは股関節と肩甲骨を鍛えなさい！

発行日　2016年2月15日　初版第1刷発行
　　　　2017年4月15日　　　第5刷発行

著者　中野ジェームズ修一
発行者　小穴康二
発行　株式会社世界文化社
〒102-8187
東京都千代田区九段北4-2-29
電話03-3262-5118（編集部）
電話03-3262-5115（販売部）

印刷・製本　共同印刷株式会社

©Nakano James Shuichi, 2016. Printed in Japan

ISBN978-4-418-16402-8
無断転載・複写を禁じます。
定価はカバーに表示してあります。
落丁・乱丁のある場合はお取り替えいたします。